Orientación laboral y promoción de la calidad en la formación profesional para el empleo

Tamara González Calderón

ic editorial

Orientación laboral y promoción de la calidad en la formación profesional para el empleo

1ª Edición

Editado por: IC Editorial
c/ Cueva de Viera, 2, Local 3
Centro Negocios CADI
29200 Antequera (Málaga)
Teléfono: 952 70 60 04
Fax: 952 84 55 03
Correo electrónico: iceditorial@iceditorial.com
Internet: www.iceditorial.com

ISBN: 978-84-1184-360-7
Depósito Legal: MA 2168-2024

Impresión: PODiPrint
Impreso en Andalucía – España

Nota de la editorial: IC Editorial pertenece a Innovación y Cualificación S. L.

Presentación del manual

El **Certificado de Profesionalidad** es el instrumento de acreditación, en el ámbito de la Administración laboral, de las cualificaciones profesionales del Catálogo Nacional de Cualificaciones Profesionales adquiridas a través de procesos formativos o del proceso de reconocimiento de la experiencia laboral y de vías no formales de formación.

El elemento mínimo acreditable es la **Unidad de Competencia.** La suma de las acreditaciones de las unidades de competencia conforma la acreditación de la competencia general.

Una **Unidad de Competencia** se define como una agrupación de tareas productivas específica que realiza el profesional. Las diferentes unidades de competencia de un certificado de profesionalidad conforman la **Competencia General,** definiendo el conjunto de conocimientos y capacidades que permiten el ejercicio de una actividad profesional determinada.

Cada **Unidad de Competencia** lleva asociado un **Módulo Formativo,** donde se describe la formación necesaria para adquirir esa **Unidad de Competencia,** pudiendo dividirse en **Unidades Formativas.**

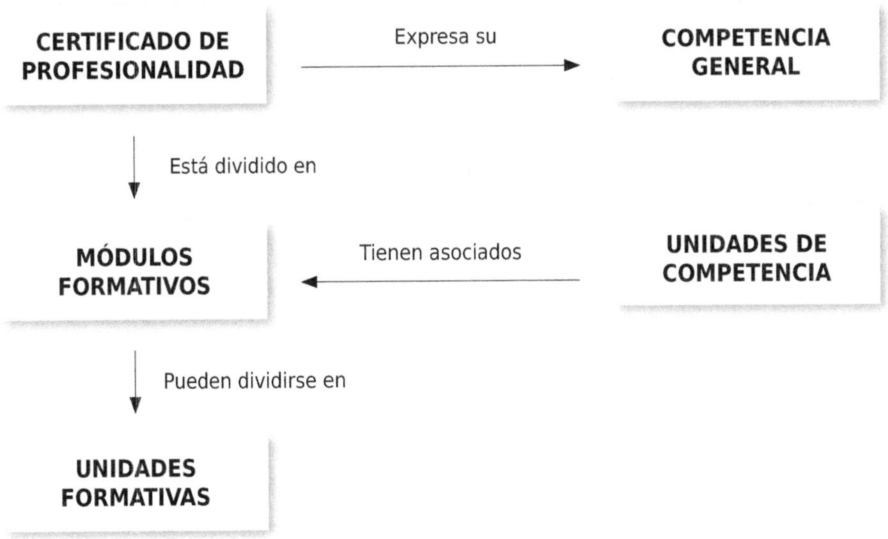

El presente manual desarrolla el Módulo Formativo **MF1446_3: Orientación laboral y promoción de la calidad en la formación profesional para el empleo,**

asociado a la unidad de competencia **UC1446_3: Facilitar información y orientación laboral,**

del Certificado de Profesionalidad **Habilitación para la docencia en grados A, B y C del sistema de formación profesional.**

MF1446_3		UNIDAD DE COMPETENCIA UC1446_3
ORIENTACIÓN LABORAL Y PROMOCIÓN DE LA CALIDAD EN LA FORMACIÓN PROFESIONAL PARA EL EMPLEO	Tiene asociado el ←	Facilitar información y orientación laboral

FICHA DE CERTIFICADO DE PROFESIONALIDAD

(SSCE0110) HABILITACIÓN PARA LA DOCENCIA EN GRADOS A, B Y C DEL SISTEMA DE FORMACIÓN PROFESIONAL

(R. D. 1697/2011, de 18 de noviembre, modificado por el R. D. 625/2013, de 2 de agosto)

COMPETENCIA GENERAL: Programar, impartir, tutorizar y evaluar acciones formativas del subsistema de formación profesional para el empleo, elaborando y utilizando materiales, medios y recursos didácticos, orientando sobre los itinerarios formativos y salidas profesionales que ofrece el mercado laboral en su especialidad, promoviendo de forma permanente la calidad de la formación y la actualización didáctica.

Cualificación profesional de referencia	Unidades de competencia		Ocupaciones o puestos de trabajo relacionados
SSC448_3 DOCENCIA DE LA FORMACIÓN PARA EL EMPLEO (R. D. 545/2023, de 27 de junio de 2023)	UC1442_3	Programar acciones formativas para el empleo	· 2329.1010 Formadores de formación no reglada · 2329.1029 Formadores de formación ocupacional no reglada · 2329.1029 Formadores ocupacionales · 2329.1029 Formadores para el empleo · 2321.1034 Formador de formadores · Docentes teleformadores · Docentes de formación profesional para el empleo
	UC1443_3	Gestionar los materiales, medios y recursos didácticos para el desarrollo de contenidos formativos	
	UC1444_3	Impartir acciones formativas para el empleo	
	UC1445_3	Evaluar el proceso de enseñanza-aprendizaje en las acciones formativas para el empleo	
	UC1446_3	Facilitar información y orientación laboral	
	UC2689_3	Tutorizar acciones formativas para el empleo	

Correspondencia con el Catálogo Modular de Formación Profesional		
Módulos certificado	**Unidades formativas**	**Horas**
MF1442_3: Programación didáctica de acciones formativas para el empleo		60
MF1443_3: Selección, elaboración, adaptación y utilización de materiales, medios y recursos didácticos en formación profesional para el empleo		90
MF1444_3: Impartición y tutorización de acciones formativas para el empleo	UF1645: Impartición de acciones formativas para el empleo	70
	UF1646: Tutorización de acciones formativas para el empleo	30
MF1445_3: Evaluación del proceso de enseñanza-aprendizaje en formación profesional para el empleo		60
MF1446_3: Orientación laboral y promoción de la calidad en la formación profesional para el empleo		30
MP0353: Módulo de prácticas profesionales no laborales de Docencia en la formación para el empleo		40

Índice

Unidad de Aprendizaje 1
Análisis del perfil profesional

1. Introducción 9
2. El perfil profesional 9
3. El contexto sociolaboral 17
4. Itinerarios formativos profesionales 35
5. Resumen 41
   Ejercicios de autoevaluación 43

Unidad de Aprendizaje 2
La información profesional. Estrategias y herramientas para la búsqueda de empleo

1. Introducción 49
2. Canales de información del mercado laboral: INE, observatorio de empleo y portales de empleo, entre otros 50
3. Agentes vinculados con la orientación formativa y laboral e intermediadores laborales: SEPE, servicios autonómicos de empleo, tutores de empleo, OPEA, gabinetes de orientación, ETT, empresas de selección, *consulting,* asesorías y agencias de desarrollo, entre otros 55
4. Elaboración de una guía de recursos para el empleo y la formación 67
5. Técnicas de búsqueda de empleo 73
6. Canales de acceso a la información. La web: portales, redes de contactos, otros 82
7. Procesos de selección 87
8. Resumen 90
   Ejercicios de autoevaluación 93

Unidad de Aprendizaje 3

Calidad en las acciones formativas. Innovación y actualización docente

1. Introducción 99
2. Procesos y mecanismos de evaluación de la calidad formativa 99
3. Realización de propuestas de los docentes para la mejora para la acción formativa 105
4. Centros de referencia nacional 108
5. Perfeccionamiento y actualización técnico-pedagógica de los formadores: planes de perfeccionamiento técnico 111
6. Centros integrados de formación profesional 114
7. Programas europeos e iniciativas comunitarias 117
8. Resumen 120
Ejercicios de autoevaluación 121

Glosario 125

Bibliografía 129

OBJETIVOS GENERALES

El objetivo general del **MF1446_3: Orientación laboral y promoción de la calidad en la formación profesional para el empleo,** es:

➲ Facilitar información y orientación laboral.

Unidad de Aprendizaje 1

Análisis del perfil profesional

Contenido

1. Introducción
2. El perfil profesional
3. El contexto sociolaboral
4. Itinerarios formativos profesionales
5. Resumen

Objetivos

El objetivo específico de esta Unidad de Aprendizaje es:

→ Orientar en la identificación de la realidad laboral del alumnado para ayudarle en la toma de decisiones ante su proceso de inserción y/o promoción profesional.

1. Introducción

Con el fin de conseguir una adecuada orientación profesional en la Formación Profesional deben tenerse en cuenta una serie de factores, tanto **internos** como **externos,** que crearán un mayor número de posibilidades a la hora de la inserción y/o promoción profesional.

Para ello, realizar un **análisis del perfil profesional** es de total importancia, definiendo tanto las **características personales** y **profesionales** de cada usuario como las **posibilidades** que estas pueden ofrecerle en un mercado laboral cambiante y dinámico.

A lo largo de su desarrollo, esta unidad de aprendizaje se centrará en las técnicas necesarias para crear un **perfil profesional** y acercar ese perfil a la realidad, es decir, al contexto sociolaboral, adaptándolo a las demandas del mercado y conociendo las diferentes modalidades de empleo que existen.

Finalmente, será necesario aprender a elaborar **itinerarios formativos** y **profesionales** que favorezcan las oportunidades de formación, inserción o promoción personal, de manera clara y ordenada.

A lo largo de esta unidad de aprendizaje nos basaremos en el caso práctico de Roberto y Patricia, docentes del centro de formación Paideia que pone a disposición del alumnado, una vez finalizada la acción formativa, un servicio de orientación laboral.

2. El perfil profesional

HILO CONDUCTOR

César es alumno del centro Paidea donde ha recibido el curso **UF0077: Procesos de gestión de unidades de información y distribución turísticas;** al finalizar la acción formativa quiere informarse sobre las distintas salidas profesionales a las que puede optar. Roberto, su tutor, le informa del servicio de orientación laboral que han puesto en el centro, y le anima a que vaya para que le resuelvan todas las dudas y analicen su perfil profesional.

Cuando se habla de perfil profesional se hace referencia al conjunto de competencias que aporta una persona a un puesto de trabajo.

Competencia

El psicólogo César Coll lo define, de acuerdo con la OCDE (2002), de la siguiente manera:

La capacidad para responder a las exigencias individuales o sociales o para realizar una actividad o una tarea. Cada competencia reposa sobre una combinación de habilidades prácticas y cognitivas interrelacionadas, conocimientos, motivación, valores, actitudes, emociones y otros elementos sociales y de comportamiento que pueden ser movilizados conjuntamente para actuar de manera eficaz.

Partiendo de esta definición y aplicándola al perfil profesional, se puede decir que es la **capacidad que tiene un trabajador de poner en práctica de manera integral sus conocimientos, habilidades, experiencia y características personales en un puesto determinado.**

2.1. Carácter individualizado del proceso de orientación

En el proceso de inserción y/o promoción profesional, es **uno mismo** quien debe plantearse cuál es la profesión que mejor se adapta a sus características personales y profesionales y tomar sus propias decisiones.

Para una autonomía en la propia orientación hay que estar dotado de las **herramientas necesarias,** conociendo las diferentes alternativas y posibilidades, y capacitado para destacar los puntos fuertes y fortalecer los más débiles.

Por ello, el primer paso es **conocerse bien** a sí mismo. Para definir el perfil profesional se deberá realizar un autoanálisis de las características personales, formación, experiencia profesional y las habilidades y actitudes.

2.2. Características personales

HILO CONDUCTOR

César asiste a su cita con la orientadora con muchas dudas e inseguridades. Para ello, Patricia (orientadora del centro) lo primero que va a realizar es un análisis del perfil profesional de César. Además va a resolver todas las dudas que presenta, al igual que motivarlo y calmar la ansiedad que le genera la búsqueda de empleo.

Es difícil reflexionar sobre las características personales, ya que no basta con la propia opinión, sino que también hay que tener en cuenta la opinión de los demás y si esta coincide con la propia.

Existen **características personales** que beneficiarán la búsqueda de empleo, la inserción, la promoción profesional y el desempeño de una profesión en sí.

EJEMPLO

Una persona creativa, responsable y organizada tendrá más posibilidades, en todas las circunstancias nombradas, que una persona agresiva, impuntual y desganada.

Además de las características personales, deben considerarse aspectos de la **personalidad** que influyen y afectan en la búsqueda de empleo o en la promoción del mismo. Una baja autoestima y un alto nivel de ansiedad son elementos que pueden condicionar de manera bastante negativa.

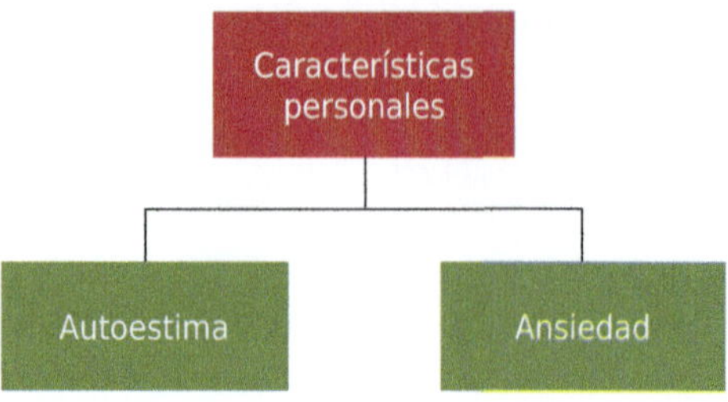

Autoestima

La **autoestima** es un sentimiento de aceptación y aprecio a sí mismo, creando la propia autovaloración. Se origina en la imagen que se tiene de sí mismo y puede coincidir o no con la apreciación que hacen los demás.

Por ejemplo, el estrés que causa la búsqueda de empleo a una persona con una **alta autoestima** será mucho menor, afrontando nuevos retos de manera optimista y con afán de superación.

SABÍAS QUE...

Teniendo un bajo concepto sobre sí mismo solo se consiguen marcar metas profesionales por debajo de las propias posibilidades.

Ansiedad

Es un estado de tensión valorado por la persona como amenazante.

La **situación de desempleo, la tarea de buscar empleo** o el querer promocionar en una empresa son motivos de tensión y estrés para numerosas personas. Por eso la ansiedad es un estado muy habitual en estos casos.

Todas las personas, en mayor o menor medida, se ponen tensas ante situaciones así, pero para muchos este es el principal problema a la hora de conseguir un empleo. La ansiedad les hace actuar por debajo de sus posibilidades, lo que lleva a la pérdida de oportunidades.

Algunos **ejemplos** de posibles situaciones que pueden causar ansiedad ante la búsqueda de empleo son los siguientes:

Situaciones que pueden crear ansiedad

- Pruebas de selección.
- Oposiciones.
- Entrevistas de trabajo: individuales y grupales.
- Solicitar información a organismos relacionados con la inserción laboral.
- Presentación de un proyecto de trabajo.
- Simulaciones situacionales.

Manifestación de la ansiedad

- Puede manifestarse con sudor en las manos, sequedad en la garganta, aumento de los latidos del corazón, hablar con incoherencia...

Prevenir la ansiedad

- Para afrontar estas situaciones es recomendable el entrenamiento de las mismas, ya que al incrementar la práctica se reducirá el nivel de ansiedad, dejando de ser una situación desconocida para la persona.

Tras ver la explicación de las características personales, te proponemos la siguiente actividad.

ACTIVIDAD COMPLEMENTARIA

1. Desde tu punto de vista, ¿cuáles son las características personales que debe tener un docente?

2.3. Formación

Para elaborar el perfil profesional de César, Patricia debe recoger toda la información que tenga:

- Nivel de estudios
- Cursos
- Seminarios
- Formación complementaria
- Conocimientos adquiridos mediante actividades prácticas
- Idiomas

2.4. Experiencia profesional

Al hablar de **experiencia profesional** se hace referencia a la experiencia previa adquirida a través del desempeño de una profesión.

En este punto debe reflejarse:

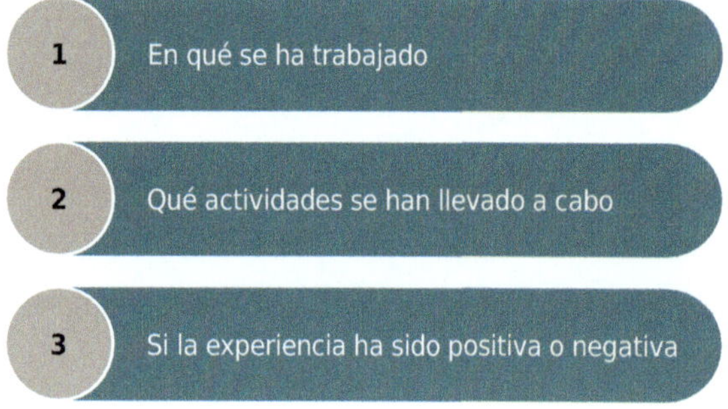

Esta experiencia no se adquiere necesariamente a través de un empleo; toda puesta en práctica de conocimientos se considera experiencia, por ejemplo, unas prácticas profesionales no laborales, un voluntariado, etc.

Las empresas suelen valorar el tiempo de **experiencia** de manera muy positiva, ya que les garantiza una mayor desenvoltura en el desempeño del puesto.

La **Ley Orgánica 3/2022, de 31 de marzo,** de ordenación e integración de la Formación Profesional reconoce la importancia de las *competencias básicas profesionales del mercado laboral, asegura las ofertas de formación idóneas, posibilita la adquisición de la correspondiente formación o, en su caso, su reconocimiento, y pone a disposición de la población un servicio de orientación y acompañamiento profesional que permita el diseño de itinerarios formativos individuales y colectivos. Por otra parte, también indica que las competencias son esenciales en el mundo laboral, tanto para el aumento* *de la productividad como para la generación de empleo y su mantenimiento por los sectores productivos.*

2.5. Habilidades y actitudes

La **capacidad** y **disposición** para desempeñar un puesto de trabajo es de total relevancia en el perfil profesional. Debe analizar qué se sabe hacer y qué tareas o actividades se hacen mejor. Mediante práctica y entrenamiento pueden adquirirse ciertas habilidades o mejorar las que ya se tienen.

Dependiendo del puesto que se desempeñe, se requerirá estar dotado de unas habilidades u otras. Las habilidades artísticas, sociales, de liderazgo, manuales, matemáticas, mecánicas, musicales, didácticas o físicas pueden ser algunas de las necesarias para el desarrollo de una profesión.

El comportamiento que se emplea para llevar a cabo una actividad, es decir, la **actitud,** también debe tenerse en cuenta. Adquirir una actitud positiva y una conducta motivada es fundamental en la inserción laboral y desarrollo profesional. Cuando se piensa que no se va a conseguir un objetivo, se actúa con desmotivación, lo que implicará poca disposición y ganas. El tiempo empleado disminuirá y el esfuerzo será mucho menor, disminuyendo así las posibilidades de conseguir la meta.

Importancia del perfil profesional

Además de la capacidad y la actitud, en los últimos años han cobrado una gran importancia las *soft skills* o habilidades blandas. Estas son habilidades interpersonales no técnicas que, aunque son diferentes a las habilidades operativas profesionales, están relacionadas directamente con el ámbito laboral. Las más destacadas y demandas en los puestos de trabajo son el compromiso, la resiliencia, el trabajo en equipo, la toma de decisiones, la creatividad y las habilidades digitales.

NOTA

La buena actitud y tener una percepción positiva de las cosas atrae la suerte y crea más oportunidades (Wiseman, 2003).

APLICACIÓN PRÁCTICA

Relaciona los siguientes elementos:

a. **Características personales.**
b. **Formación.**
c. **Experiencia profesional.**
d. **Habilidades y actitudes.**

1. **Aspectos de la personalidad que influyen y afectan.**
2. **Nivel de estudios alcanzados, cursos, formación complementaria, conocimientos adquiridos mediante actividades prácticas, idiomas.**
3. **La capacidad y disposición para desempeñar un puesto de trabajo.**
4. **Experiencia previa adquirida a través del desempeño de una profesión.**

Solución

Características personales	Aspectos de la personalidad que influyen y afectan.
Formación	Nivel de estudios alcanzados, cursos, formación complementaria, conocimientos adquiridos mediante actividades prácticas, idiomas.

Continúa en página siguiente >>

<< Viene de página anterior

Experiencia profesional	Experiencia previa adquirida a través del desempeño de una profesión.
Habilidades y actitudes	Experiencia previa adquirida a través del desempeño de una profesión.

En el proceso de inserción y/o promoción profesional es **uno mismo** quien debe plantearse cuál es la profesión que mejor se adapta a sus características personales y profesionales y tomar sus propias decisiones.

El primer paso es **conocerse bien** a sí mismo. Para definir el perfil profesional se deberá realizar un autoanálisis de las características personales, formación, experiencia profesional y las habilidades y actitudes.

TAREA 1

Define tu perfil profesional, enfatizando las características personales, conocimientos, habilidades y actitudes requeridas para la actividad profesional.

3. El contexto sociolaboral

HILO CONDUCTOR

Una vez Patricia ha analizado el perfil profesional, el siguiente paso es conocer la realidad que le rodea. Es decir, comenzar la segunda fase de inserción/promoción con un análisis del contexto sociolaboral: el mercado laboral.

Cuando se habla de mercado laboral o de trabajo se hace referencia a la relación entre **empresarios** (oferentes), **trabajadores** (demandantes) e **intermediarios** (acercan la oferta de los empresarios a los demandantes) en un contexto sociolaboral determinado.

Por lo tanto, para que la búsqueda de empleo sea más eficaz y que aumente el número de posibilidades, deberá:

- Conocer cómo funciona el mercado laboral.
- Las posibilidades de empleo que existen.
- Los requisitos más demandados.

3.1. Características: exigencias y requisitos

El mercado laboral se caracteriza principalmente por su dinamismo, encontrándose constantemente en estado de cambio. La economía, el desarrollo tecnológico, la sociedad e incluso la época del año, influyen sobre él, generando nuevos empleos y haciendo desaparecer muchos otros.

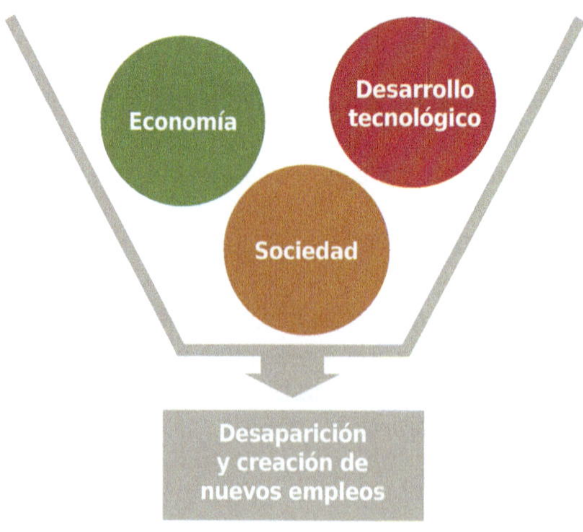

Patricia le hace mucho hincapié a César en los requisitos que exigen hoy en día la mayoría de empresas:

- Como consecuencia de este constante estado de cambio, es imprescindible ser una persona flexible y con capacidad de adaptación.
- Tomar decisiones, debe tener iniciativa propia, sin esperar a recibir indicaciones de qué se debe hacer o cómo se debe hacer.
- El trabajo en equipo es imprescindible, ya que la cooperación con los compañeros facilita el trabajo, resuelve conflictos y además, da mayor eficiencia.
- Tener buenas habilidades comunicativas.
- La gestión del tiempo, organización y planificación son habilidades esenciales para ser eficaz y eficiente en el puesto de trabajo. Por ello, es importante establecer prioridades a las tareas, con el objetivo de realizar antes las más urgentes, aunque sin olvidar las acciones secundarias.

IMPORTANTE

Las claves del éxito en el actual contexto sociolaboral son: flexibilidad, capacidad de adaptación, iniciativa, trabajo en equipo, habilidades comunicativas, competitividad, compromiso, creatividad, innovación, responsabilidad, formación, dominio de las nuevas tecnologías e idiomas y movilidad geográfica.

Para responder a estas exigencias y cambios, el trabajador en activo o desempleado debe mantenerse en un proceso de aprendizaje continuo.

3.2. Tendencias del mercado laboral

Cuando se habla de tendencias del mercado laboral se hace alusión a los nuevos movimientos que generan nuevas oportunidades, anulando a su vez, muchas otras.

Observa la explicación que nos da Patricia sobre los cambios que hay que tener en cuenta, puesto que afectarán a la oferta y demanda de empleo y, por lo tanto, a la búsqueda del mismo:

Incorporación de la mujer al mercado de trabajo
- Supone un aumento de la demanda de empleo y, a su vez, implica la necesidad de cubrir el trabajo realizado tradicionalmente por la mujer.

Envejecimiento de la población
- Envejecimiento de la población, generando nuevos puestos de trabajo.

Internacionalización de los mercados
- Economía más abierta, sin fronteras. El mercado es mucho más amplio y existe una mayor competitividad. Esta situación lleva a una mayor calidad de los productos y mayores inversiones tecnológicas para el aumento de producción.

Avances tecnológicos
- Grandes cambios y a gran velocidad, conduciendo a nuevas profesiones y formas de trabajo. Promueven una transformación socioeconómica.

Desaparición progresiva del sector primario y asciende el sector de servicios
- Desaparición progresiva del sector primario (ganadería, agricultura, etc.) por la incorporación de las nuevas tecnologías.
- Asciende el sector servicios, generando nuevos puestos de trabajo.

Aparece un nuevo sector
- Aparece un nuevo sector, la cultura del ocio, promoviendo mejorar la calidad de vida y el bienestar social.

EJEMPLO

Imagina que quieres ampliar tu formación. Para ello, será necesario considerar las tendencias del mercado laboral y ver en qué área habrá más posibilidades de inserción, una vez finalizada tu formación. Habrá más posibilidades en el sector terciario que en el primario, puesto que este está desapareciendo.

3.3. Profesiones emergentes: yacimientos de empleo

Cuando se habla de tendencias del mercado laboral se hace alusión a los nuevos movimientos que generan nuevas oportunidades, anulando a su vez, muchas otras.

Son estos los llamados yacimientos de empleo, cuya previsión de demanda es bastante significativa. A continuación, se muestran algunos de ellos:

- **Servicios de la vida diaria:** son necesarios por el envejecimiento de la población, incorporación de la mujer al mercado laboral y el alto nivel de desempleo.
  Ejemplo: servicios a domicilio, cuidado de niños, nuevas tecnologías de la información y la comunicación, ayuda a personas en dificultad de inserción.
- **Servicios de mejora del marco de la vida:** encaminados a un mayor bienestar social y a una mejora de la seguridad laboral.
  Ejemplo: mejora de la vivienda, seguridad, nuevas formas de transportes colectivos, revalorización de los espacios públicos urbanos, comercios de proximidad...
- **Servicios culturales y de ocio:** aumenta la calidad de vida.
  Ejemplo: turismo rural y cultural, sector audiovisual, valorización del patrimonio cultural, desarrollo cultural local, deporte...
- **Servicios de medioambiente:** sensibilización con el medioambiente.
  Ejemplo: gestión de residuos, gestión del agua, protección y mantenimiento de las zonas naturales, normativa y control de la contaminación...

Una vez hemos visto el esquema de los yacimientos de empleo, te proponemos la siguiente actividad.

ACTIVIDAD COMPLEMENTARIA

2. Realiza una investigación que te permita poner ejemplos de nuevas profesiones generadas a raíz de los nuevos yacimientos de empleo.

3.4. Modalidades de empleo: tipo de contratos, el autoempleo y trabajo a distancia

Existen diferentes modalidades de empleo:

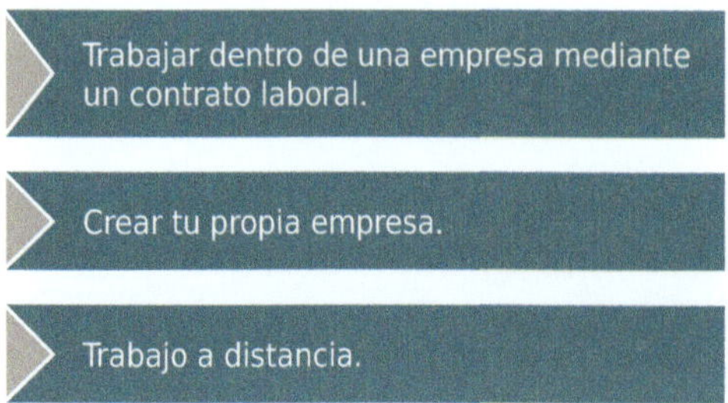

NOTA

Tener un buen **conocimiento** sobre las diferentes posibilidades de empleo amplía las **oportunidades,** creando en la persona la capacidad de decidir y decantarse por la **modalidad** que crea más conveniente.

Tipos de contratos

Las relaciones laborales por cuenta ajena se materializan a través de un contrato de trabajo.

¿Quién puede firmar un contrato laboral?

1. Personas mayores de edad (18 años).
2. Personas menores de edad legalmente emancipadas.
3. Personas mayores de 16 años y menores de 18, con la autorización de los padres o tutores legales.

Términos básicos del contrato:

- **Las partes contratantes:** identidad del trabajador y del empresario.
- **Tipo de contrato,** duración y lugar donde se desarrollará; categoría o grupo profesional. Es decir, el puesto que se va a desempeñar y sus funciones.

- La **retribución salarial** y las **vacaciones.**
- Los **plazos de preaviso,** respetados por ambas partes para poner fin a la relación laboral.
- **Convenio colectivo,** aplicable a la relación laboral que se establece y con los datos que permitan su identificación.

NOTA

En los contratos de trabajo se refleja la retribución salarial bruta que recibe el trabajador, y la composición de la misma: salario base y suplementos si fuese el caso, como por ejemplo plus por transporte o dietas.

Con el objeto de conseguir una adaptación máxima entre las necesidades de la empresa y el trabajador, existen diferentes **modalidades de contrato** de los cuales se puede establecer una primera clasificación, en función de su duración y jornada, de forma que:

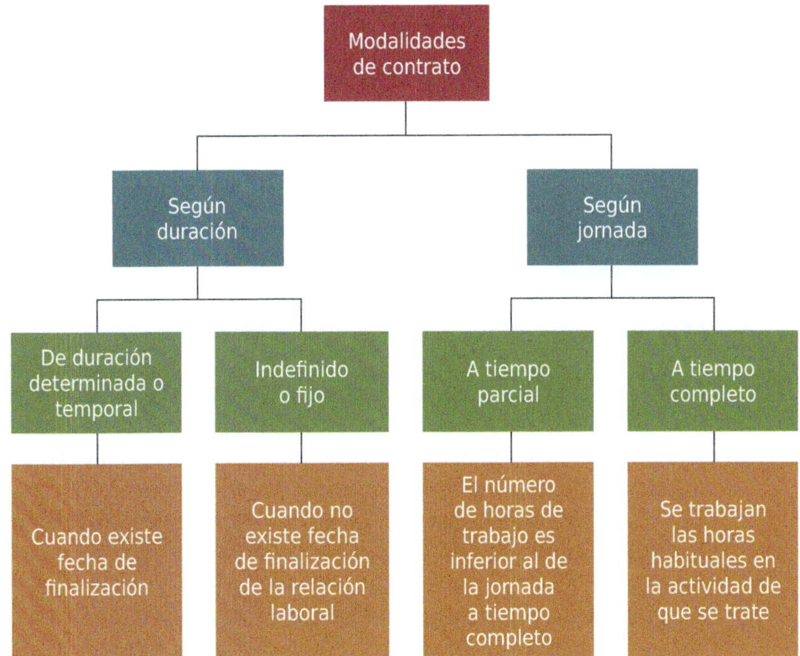

Existen una gran variedad de contratos de trabajo, los cuales están en continua evolución y adaptación a las circunstancias económicas del país. En la actualidad, la normativa laboral vigente es el **Real Decreto-ley 32/2021, de 28 de diciembre,** de medidas urgentes para la reforma laboral, la garantía de la estabilidad en el empleo y la transformación del mercado de trabajo. La reforma de la ley laboral introduce ciertas modificaciones en algunos tipos de contrato, los cuales se detallan a continuación.

Contratos indefinidos

Destinados para aquellas relaciones laborales comunes u ordinarias, elegido por las empresas en los supuestos en que la causa para su celebración como un contrato temporal no esté bien definida. Dentro de los contratos indefinidos se encuentra:

- **Ordinario:** ya sea a jornada completa o parcial.
- **Fijos-discontinuos:** que es el que se concierta para realizar trabajos que tengan el carácter de fijos-discontinuos y no se repitan en ciertas fechas, dentro del volumen normal de actividad de la empresa.
- **Contratos bonificados:** que aportan una serie de beneficios fiscales o mejoras en las cotizaciones empresariales por la contratación de ciertos colectivos de trabajadores, como puede ser: discapacitados; excluidos sociales; víctimas del terrorismo; mujeres víctimas de violencia de género, de violencias sexuales y de trata de seres humanos; desempleados de larga duración, etc. Para ello, las empresas deberán cumplir los requisitos establecidos por la norma reguladora del contrato de trabajado elegido.

Contratos temporales

A continuación, se exponen los tipos de contratos temporales:

- **Circunstancias de la producción:** su objetivo es atender circunstancias de la producción, acumulación de tareas, excesos de pedidos y situaciones similares; se incluyen en esta modalidad los contratos para cubrir vacaciones de un empleado. La duración máxima es de 6 meses, aunque puede prorrogarse hasta 12, según el convenio colectivo, siempre y cuando no se haya excedido de la duración máxima de este tipo de contrato.
- **Sustitución:** tiene por objeto sustituir a trabajadores con reserva de puesto, para cubrir un puesto de trabajo durante el proceso de selección (con una vigencia máxima de 3 meses) o para completar la jornada de una persona trabajadora con reducción de jornada. Será a jornada

completa, salvo que el trabajador titular se acoja a jornada parcial (por ejemplo, para el cuidado de hijos) y la sustitución tuviera como cometido la parte de la jornada reducida.

- **Temporales bonificados:** la contratación temporal de ciertos colectivos de desempleados también podrá dar lugar a incentivos en las cuotas de la Seguridad Social durante toda la vigencia del contrato; tal y como ocurre en los contratos indefinidos, y con carácter general podrán ser para: discapacitados; excluidos sociales; víctimas de violencia de género o violencias sexuales; etc.

SABÍAS QUE...

Con la reforma laboral, los contratos de Obra o servicio han desaparecido, ya que perpetuaban la temporalidad de los trabajadores, y el objetivo de la actual normativa es ofrecer continuidad y estabilidad laboral.

Contratos formativos

A continuación, se analizan los tipos de contratos formativos:

- **Contrato de formación en alternancia:** va dirigido a estudiantes universitarios, de formación profesional (grado medio o superior), así como a las especialidades recogidas en el Sistema Nacional de Empleo. Aunque, en general, no tiene límite de edad, si se establece un máximo de 30 años para los estudiantes que cursen certificados profesionales de nivel 1 y 2. El objetivo es compatibilizar el trabajo remunerado con la formación y, para ello, incluye un plan de formación donde se especifican los contenidos, horarios, actividades formativas, y los requisitos de formación del estudiante. La duración mínima del contrato es de 3 meses, pudiendo ampliarse hasta los 2 años. Este contrato establece que, durante el primer año, el trabajo efectivo debe ser inferior al 65 % de la jornada laboral, mientras que el segundo debe ser del 85 %. En el contrato de formación en alternancia no hay periodo de prueba, y se establece que el estudiante realice tareas relacionadas directamente con su formación.
- **Contrato para la Obtención de la Práctica profesional:** va dirigido a aquellas personas trabajadoras que posean un título universitario, un máster profesional, un certificado del sistema de formación profesional o un grado medio o superior, y que no hayan pasado más de 3 años des-

de la obtención de dicha titulación, ampliándose a 5 años si la persona tiene discapacidad. El contrato puede ser a jornada completa o parcial, y el salario lo estipula el convenio correspondiente, cobrando el 100 % según dicho convenio. La duración no debe ser inferior a 6 meses ni mayor a 1 año, ya sea en la misma empresa o en otra diferente.

NOTA

Los contratos de formación se han modificado de acuerdo con el Real Decreto-ley 32/2021, de 28 de diciembre, de medidas urgentes para la reforma laboral. El Contrato de Formación en Alternancia sustituye al antiguo Contrato para la Formación y el Aprendizaje, mientras que el Contrato para la Obtención de la Práctica Profesional sustituye al obsoleto Contrato en Prácticas.

Otros contratos

Dentro de los cuales se encuentra un nutrido grupo de contratos que por sus características no se han incluido en ninguno de los otros grupos; de ellos se destacan los siguientes:

- **De relevo:** contrato para trabajadores que sustituyen a trabajadores que acceden a la jubilación parcial. Siempre se formaliza por escrito y se comunica en el plazo de 10 días al Servicio Público de Empleo Estatal. La jornada puede ser completa o parcial, pero siempre en porcentaje idéntico a la reducción del trabajador sustituido (aunque los dos trabajadores pueden coincidir en horario). Se extingue con la jubilación total del trabajador, sustituido al convertirse en indefinido.
- **Para la investigación:** este tipo de contrato (personal investigador doctor o predoctoral en formación) está vinculado con las actividades científicas y tecnológicas que tengan por objeto la realización de actividades vinculadas a áreas de investigación o servicios científicos y tecnológicos, incluida la gestión de la ciencia y la tecnología en estas áreas. Tiene carácter temporal, a tiempo completo y puede celebrarse con personas que tengan título de Licenciado, Ingeniero, Arquitecto, Graduado universitario, Máster Universitario, o con personal investigador con título de Doctor.

SABÍAS QUE...

La página web del Servicio Público de Empleo Estatal ofrece información amplia-da y totalmente actualizada sobre los diferentes contratos de trabajo existentes, sus características, beneficios y requisitos a cumplir por las partes contratantes.

Ya tenemos más información de los distintos tipos de trabajo que existen, con la información facilitada, te proponemos la siguiente actividad.

ACTIVIDAD COMPLEMENTARIA

3. Busca en casa algún contrato de trabajo y clasifícalo acorde a su tipología. Identifica en él los términos básicos que debe incluir un contrato.

Autoempleo

HILO CONDUCTOR

En la segunda sesión que ha tenido Patricia con César le ha explicado todo lo referente al contexto laboral: características, tendencias del mercado laboral, profesiones emergentes, modalidades de empleo y contratos... pero Patricia quiere hacer hincapié en el autoempleo, ya que se ha dado cuenta, con el análisis de perfil profesional, que César es una persona muy emprendedora y activa.

El empleo por cuenta propia, o autoempleo, consiste en la idea de **crear el propio puesto de trabajo.** Puede originarse por tener una idea creativa e innovadora que responda a alguna necesidad detectada, o bien para dar solución activa a una situación de desempleo, puesto que, a veces, existe la dificultad de encontrar un empleo que se ajuste a nuestra formación y experiencia.

La persona que tiene una iniciativa empresarial, es decir, el empresario, debe reunir ciertas características personales para crear su propia empresa, ya que no todo el mundo las posee, como:

- Tener motivación, confianza y seguridad en sí mismo.
- Fijar objetivos claros y confiar en que van a conseguirse.
- Ser responsable, con iniciativa y voluntad.
- Constante, con ganas de trabajar y muy activo.
- Intuitivo y capaz de detectar los cambios del entorno.
- Con habilidades comunicativas, capacidad de organización y coordinación.
- Creativo e innovador.
- Capacidad de decisión y planificador.
- Habilidad para detectar oportunidades sobre problemas.
- No dejarse derrotar fácilmente.
- Saber motivar al resto de empleados.
- Saber asumir riesgos y orientar hacia un óptimo rendimiento.

Es recomendable conocer las **ventajas** e **inconvenientes** que supone tener una empresa propia:

Ventajas	Inconvenientes
- Mejorar el empleo actual o abandonar la situación de desempleo, creando un puesto de trabajo propio y, a la vez, generando puestos de trabajo. - Obtener beneficios. - Satisfacción personal por llevar a cabo ideas propias.	- Asumir el riesgo de perderlo todo. - Dedicar a la empresa demasiado tiempo. - Alta responsabilidad en la toma de decisiones y gestiones que se llevan a cabo.

Una vez que se tiene claro que se va a crear la empresa, debe realizarse un Proyecto Empresarial, que se desarrollará de acuerdo con las siguientes fases:

- **Valores por los que se regirá la empresa:** los más considerados son el respeto, la calidad, la creatividad, la innovación, la comunicación y el trabajo en equipo, el liderazgo y el buen servicio.
- **Actividad a la que se dedicará la empresa:** puede ser generando un producto o un servicio. Deben analizarse las características económicas y comerciales del bien o servicio, teniendo en cuenta su flexibilidad y

capacidad de adaptación a las necesidades sociales y al cambio tecnológico.

- **Investigación de mercado:** aportará la información necesaria para conocer la oferta y la demanda del bien o servicio que se va a generar en cuestión. Se deberán recoger tanto datos cualitativos (quién compra, cuándo, por qué lo hace, etc.) como cuantitativos (demanda en cifras, tendencias, etc.). Los datos recogidos han de ser analizados para una interpretación de los mismos.
- **Viabilidad empresarial:** se realizará un estudio económico (capital necesario, inversiones, previsiones de ventas) de recursos humanos (número de trabajadores, formación requerida, salario, contratos), de recursos materiales (maquinaria, local, etc.) y, por último, de distribución (precio del producto o servicio, coste de su promoción, modo de difundirlo, etc.).

SABÍAS QUE...

Es de gran utilidad conocer comportamientos empresariales ajenos. Así se estará al tanto de los errores más comunes y los problemas que surgen más a menudo.

Una vez finalizadas las fases del Proyecto Empresarial, pueden darse varias opciones:

- Que no sea viable y se decida modificar la idea inicial, adaptándola a las necesidades detectadas en la fase de investigación.
- Que sea viable. Hay que ponerse en marcha y realizar los trámites necesarios para crear la empresa.
- Que la idea no sea viable y se decida abandonar el proyecto.

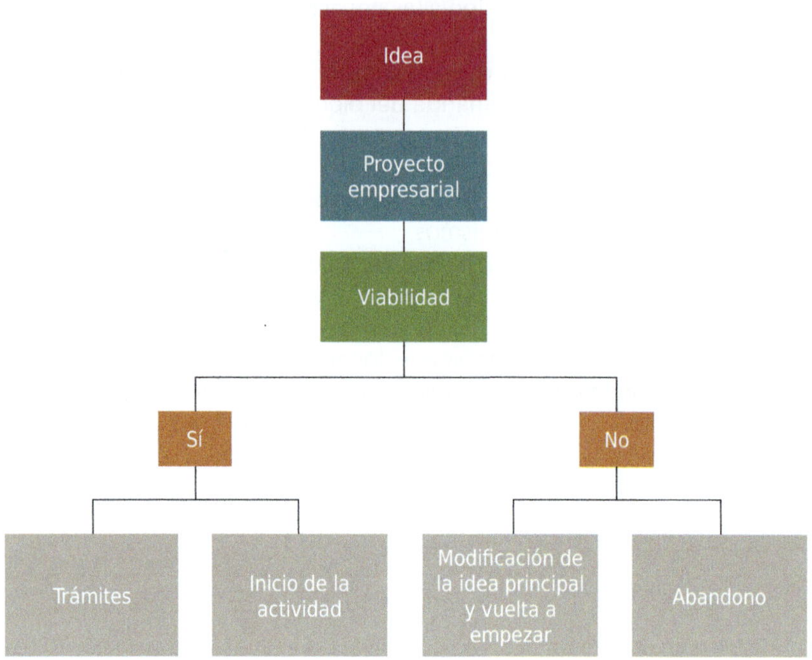

Trabajo a distancia

El **trabajo a distancia** o teletrabajo es una nueva modalidad de empleo que surge como consecuencia del desarrollo tecnológico. El trabajador cuenta con los medios necesarios para realizar su trabajo fuera del lugar donde se hace habitualmente, sin necesidad de su presencia física. Este dispone de herramientas de telecomunicación que le permiten mantener el contacto con la empresa.

La persona que trabaja a distancia se caracteriza principalmente por su autonomía, libertad de horarios y obligación de un continuo aprendizaje de las nuevas tecnologías.

A diferencia de lo que se piensa, el trabajo a distancia no es solo trabajar desde casa, sino que existen varias posibilidades:

Desde casa

- El trabajador está contratado por una empresa y realiza el trabajo desde la residencia habitual. Puede ser a tiempo total, trabajando siempre desde casa, o a tiempo parcial, teniendo días de trabajo en la oficina y otros a distancia. El mundo del periodismo cada día usa más esta modalidad.
- Autónomo o *freelance*. El trabajador ofrece sus servicios desde casa para tareas determinadas. No existe un contrato laboral entre quien hace el encargo y el trabajador que lo realiza, sino que su retribución será acorde con el trabajo realizado. El diseño gráfico, por ejemplo, es un sector en el que esta forma de trabajo está muy generalizada.

Móvil

- El trabajo se realiza donde surja la necesidad de trabajar, desarrollando su actividad en diferentes lugares. Es necesario disponer de equipos portátiles fáciles de transportar. Un comercial es un ejemplo de trabajo móvil, ya que lo hace de forma nómada, con el fin de buscar el mayor número de clientes posibles.

Telecentros

- Centros que se crean para que los empleados no tengan que realizar un largo viaje para ir a trabajar. Pueden ser compartidos por más de una empresa. Los recursos informáticos y servicios de los que se disponen son similares a los de la empresa. Las empresas teleoperadoras, habitualmente, suelen disponer de estos tipos de centros.

Debido al aumento de personas que trabajan desde casa o a distancia, como consecuencia de la pandemia del Coronavirus, se ha establecido una normativa que regula dicha modalidad; en concreto, la **Ley 10/2021, de 9 de julio,** de trabajo a distancia. Aquí se regularizan ciertos aspectos como el control y registro de la jornada laboral, pago/compensación total o parcial de los gastos del teletrabajo, así como el derecho del trabajador a disponer de aquellos medios, equipos y herramientas que necesite para desempeñar su trabajo facilitadas por la empresa, entre otros contenidos.

Efectivamente la modalidad de trabajo que más ha llamado la atención a César es la de autoempleo, no obstante, conoce las desventajas que presenta dicha modalidad y no va a desestimar todas las anteriores.

Tras ver las distintas modalidades, te proponemos la siguiente actividad.

ACTIVIDAD COMPLEMENTARIA

4. Identifica las diferentes modalidades de empleo y valora las ventajas e inconvenientes de cada una de ellas. Una vez las hayas valorado, justifica la modalidad que te gustaría llevar a cabo.

A la hora de elegir una modalidad, hay que ser realistas y ver qué modalidad de empleo se ajusta a nuestras posibilidades y a nuestra realidad. Aun siendo realistas, no siempre se dan las circunstancias para trabajar en lo que realmente deseamos.

APLICACIÓN PRÁCTICA

1. **Identifica cuáles de las siguientes opciones se consideran yacimientos de empleo:**

   a. **Servicios de la vida diaria.**
   b. **Servicios de apoyo a la ganadería y agricultura.**
   c. **Servicios de mejora del marco de la vida.**
   d. **Servicios de recepción de mercancías.**
   e. **Servicios culturales y de ocio.**
   f. **Servicios de medioambiente.**

2. **Identifica cuáles de las siguientes opciones se consideran contratos de formación.**

   a. **Contrato para la Obtención de la Práctica profesional y contrato de formación en alternancia.**
   b. **Contrato de relevo y para la investigación.**
   c. **Contrato en prácticas.**

3. **Indica los inconvenientes principales del autoempleo:**

Continúa en página siguiente >>

<< Viene de página anterior

a. Presencia física.
b. Asumir el riesgo de perderlo todo.
c. Dedicar a la empresa demasiado tiempo.
d. Una alta responsabilidad en la toma de decisiones y gestiones que se llevan a cabo.
e. Horario poco flexible.

4. Una alumna de la acción formativa que impartes ha tenido una idea bastante creativa y le gustaría ponerla en práctica. Es muy emprendedora y reúne bastantes cualidades empresariales, así que ha decidido montar su propia empresa. ¿Qué pasos debe seguir?

a. Investigación del mercado para ver si el producto o servicio tiene o no salida.
b. Estudio económico de los gastos que se prevén.
c. Definir los valores por los que se regirá la empresa.
d. Definir la actividad a la que esta se va a dedicar.
e. Realizar los trámites necesarios para crear la empresa, o modificar la idea adaptándola a las necesidades del mercado.

Solución

1. Los yacimientos de empleo son:

    - Servicios de la vida diaria.
    - Servicios de mejora del marco de la vida.
    - Servicios culturales y de ocio.
    - Servicios de medioambiente.

2. Los contratos de formación son:

    - Contrato para la Obtención de la Práctica profesional y contrato de formación en alternancia.

3. Los principales inconvenientes del autoempleo son:

    - Asumir el riesgo de perderlo todo.
    - Dedicar a la empresa demasiado tiempo.
    - Una alta responsabilidad en la toma de decisiones y gestiones que se llevan a cabo.

Continúa en página siguiente >>

<< Viene de página anterior

4. Los pasos a seguir en la creación de una empresa son los siguientes:

   - Definir valores por los que se regirá la empresa.
   - Definir la actividad a la que esta se va a dedicar.
   - Investigación del mercado para ver si el producto o servicio tiene o no salidas.
   - Estudio económico de los gastos que se prevén.
   - Realizar los trámites necesarios para crear la empresa, o modificar la idea adaptándola a las necesidades del mercado.

TAREA 2

A continuación, se muestra la ficha del certificado profesional SSCE0110: Habilitación para la docencia en grados A, B y C del Sistema de Formación Profesional:

https://redirectoronline.com/mf14460105

En base a esta acción formativa, define el perfil profesional de la ocupación relacionada con dicho certificado profesional. Tendrás que analizar también el contexto sociolaboral en el que se enmarca, determinando las exigencias y requisitos que se solicitan.

Para finalizar, determina las modalidades de empleo que más habitualmente se usan en el desarrollo del ejercicio profesional.

4. Itinerarios formativos profesionales

HILO CONDUCTOR

César ya tiene más claro qué camino quiere seguir. Patricia le ha dicho que reflexione en su casa y que en la próxima sesión van a reorganizar todas las ideas para ver qué pasos debe seguir César para conseguir su objetivo.

Una vez realizado un análisis a nivel interno y externo, hay que marcarse un objetivo a seguir. **¿Cómo se conseguirá ese objetivo?** Creando un itinerario.

Crear un itinerario desde el ámbito de la orientación laboral consiste en **planificar** de forma detallada la trayectoria, tanto formativa como profesional, que se va a seguir con el fin de conseguir un objetivo marcado.

Los **itinerarios formativos** y **profesionales** pueden ser planteados tanto por personas con una ocupación definida que desean mejorarla para ajustarse al mercado laboral, como por personas que aún no tienen una ocupación definida.

A continuación, se proponen una serie de indicaciones para elaborar dichos itinerarios, construyendo pequeños objetivos que llevarán a la consecución del objetivo final:

- **Marcar un objetivo profesional:** si ya se tiene un perfil profesional establecido debes mejorarlo, acorde con las exigencias del mercado, teniendo en cuenta su experiencia, expectativas e intereses, con el fin de favorecer la inserción y/o promoción personal. Si aún no se tiene, el objetivo debe marcarse en función del perfil individual, intereses, habilidades y actitudes.
- **Analizar la profesión que se desea conseguir y puesto a desempeñar:**
    - Formación requerida.
    - Características personales necesarias.
    - Habilidades y actitudes favorables.
    - Experiencias en la profesión.
    - Funciones y tareas del puesto.
    - Riesgos profesionales.

- **Realizar matriz DAFO:** es necesario realizar una matriz DAFO, con el fin de conocer las debilidades y fortalezas personales y las posibles amenazas y oportunidades externas para la profesión que desea desempeñar o mejorar.

MATRIZ	
Factores internos: Perfil profesional	
Debilidades	Fortalezas
Factores externos: Mercado Laboral	
Amenazas	Oportunidades

- Finalmente, se debe:
  - Valorar si puede acreditar competencias profesionales adquiridas mediante formación o experiencia, con el fin de conseguir un Certificado de Profesionalidad o curso de Formación Profesional que le capacite para el desarrollo de una actividad laboral.
  - Decidir, previa información, la formación que se ajusta más a su perfil, atendiendo a las necesidades del mercado laboral y a sus intereses y considerando todas las vías posibles.
  - Crear posibles vías de mejora de las características personales, actitudes y habilidades, para ajustar su perfil al demandado por el mercado laboral.

Para obtener información sobre los posibles itinerarios formativos y profesionales, es conveniente visitar los siguientes portales:

Continúa en página siguiente >>

<< Viene de página anterior

Formación profesional

https://redirectoronline.com/mf16460101

Certificados profesionales

https://redirectoronline.com/mf14460102

Formación reglada

https://redirectoronline.com/mf14460103

En esta programación de itinerarios formativos y profesionales es importante que los objetivos sean **concretos** y **alcanzables,** teniendo en cuenta los medios que se necesitarán para conseguirlos y estableciendo el tiempo adecuado para su consecución, es decir, deben proponerse pequeños objetivos para conseguir el objetivo final.

La **toma de decisiones** cobra un papel muy importante, ya que tendrá que priorizar y decidir entre las diferentes alternativas que se le planteen, considerando siempre los factores internos y externos.

A continuación, vamos a ver un ejemplo real.

APLICACIÓN PRÁCTICA

María tiene 40 años y está desempleada. Tiene aprobado BUP y el curso de "Cuidador de personas dependientes", y ha trabajado durante 3 años cuidando a personas mayores en sus domicilios. Es una persona muy activa y desenvuelta, con buenas habilidades sociales. Estaba muy contenta con su trabajo anterior, le encantaba trabajar con personas mayores. ¿Qué debe hacer? Crea su perfil profesional, relacionándolo con las exigencias del mercado laboral y crea un itinerario formativo y profesional que le ayude a aumentar sus posibilidades. Para ello, necesitarás consultar, en internet, los portales mencionados anteriormente.

Solución

En primer lugar, se elabora su perfil profesional:

- Formación: BUP y curso de Formación Profesional de "Cuidador de personas dependientes".
- Experiencia profesional: 3 años de cuidadora a domicilio.
- Habilidades y actitudes: actitud positiva hacia su profesión, le gusta su trabajo y posee buenas habilidades sociales.
- Características personales: persona activa y desenvuelta.

A continuación, debe analizar qué se solicita en el mercado laboral para desempeñar el puesto que ella desea:

Continúa en página siguiente >>

<< Viene de página anterior

Objetivo Profesional: Cuidadora de personas dependientes	
Formación:	Certificado Profesional Atención Sociosanitaria a Personas en el domicilio o Técnico en Atención a personas en situación de dependencia.
Características personales necesarias:	Responsabilidad.
Habilidades y actividades favorables:	Habilidades sociales.
Experiencia en la profesión	Favorable tener experiencia.

Además, debe detectar las debilidades y fortalezas para desempeñar el puesto, que representan las amenazas y oportunidades en el mercado laboral.

	+	-
Origen Interno	Fortalezas	Debilidades
Origen Externo	Oportunidades	Amenazas

- **Fortalezas (puntos fuertes):** curso de cuidado de personas mayores a domicilio, experiencia en el sector. Habilidades sociales, le gusta su trabajo.
- **Debilidades (puntos débiles):** escasa formación.
- **Oportunidades:** puede acreditar su formación y experiencia. El sector es muy favorable, ya que es un nuevo yacimiento de empleo, debido al envejecimiento de la población.
- **Amenazas:** existen personas bastante cualificadas, por lo que hay un alto nivel de competencia.

Finalmente, debe concretar su itinerario formativo y profesional: debe obtener el Certificado Profesional de Atención Sociosanitaria a Personas en el Domicilio, a través de la acreditación de formación y experiencia y superando los demás Módulos Formativos para completarlo.

También puede acceder a la Formación Profesional, realizando el ciclo formativo de grado medio de Técnico en Atención a personas en situación de dependencia.

TAREA 3

Partiendo de tu perfil profesional y del análisis del contexto sociolaboral en el que se enmarca tu puesto de trabajo, deberás trazar el itinerario profesional y formativo, señalando:

- Tu objetivo profesional.
- Análisis de la profesión que quieres desarrollar.
- Elaboración de la matriz DAFO.
- Establecer líneas para la mejora de tu perfil profesional y formativo.

TAREA 4

Descarga el currículum que se presenta en el siguiente enlace:

https://redirectoronline.com/mf14460104

Define el perfil profesional del sujeto, elabora la matriz DAFO, relaciona su perfil profesional con las exigencias del mercado y determina el itinerario profesional y formativo más adecuado para conseguir una mejora de la cualificación profesional.

5. Resumen

Se comienza creando el perfil profesional para conocer las competencias individuales. Esto es, conocer las características personales, habilidades y actitudes, la formación y:

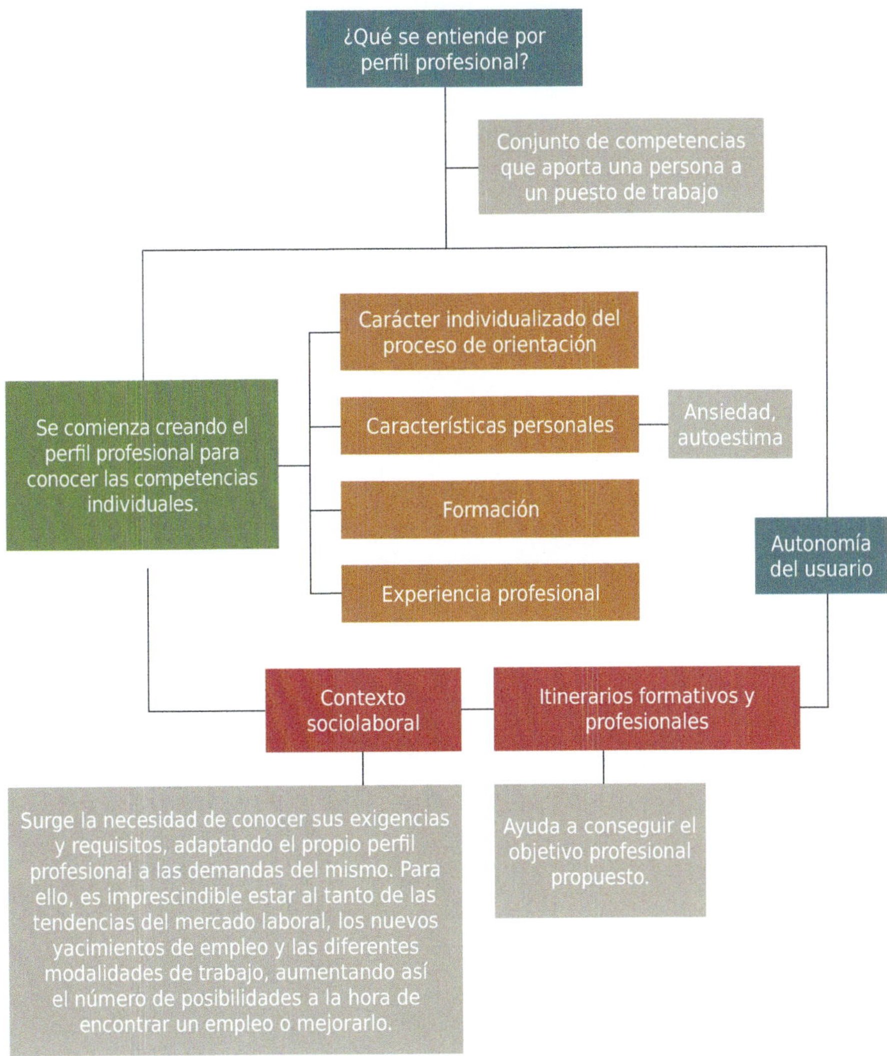

Ejercicios de autoevaluación Unidad de Aprendizaje 1

1. De las siguientes frases, indica cuál es verdadera o falsa.

a. Las empresas no valoran la experiencia profesional como positiva.

- Verdadero
- Falso

b. Para todos los puestos de trabajo se requieren las mismas habilidades.

- Verdadero
- Falso

c. La autoestima y la ansiedad son aspectos de la personalidad que influyen en la búsqueda de empleo.

- Verdadero
- Falso

2. Completa la siguiente oración.

El perfil profesional es la capacidad que tiene un trabajador de ________ ______________________ de manera integral sus __________________, habilidades, ____________________ y características personales en un puesto determinado.

3. ¿Qué elementos componen el mercado laboral?

____

____

4. Un buen trabajador debe...

a. ... ser creativo e innovador.
b. ... ser responsable de su toma de decisiones.
c. ... tener buenas habilidades comunicativas.
d. Todas las opciones son correctas.

5. ¿Existen contratos de trabajo formativos? Si tu respuesta es afirmativa, indica los tipos.

____

____

6. Relaciona los siguientes elementos:

a. Autoempleo.
b. Trabajo a distancia.
c. Contratos de trabajo.

__ Trabajar en una empresa.
__ Crear su propia empresa.
__ Trabajar sin necesidad de presencia física.

7. ¿Qué elementos componen la matriz DAFO?

____

____

8. Completa los huecos con las siguientes palabras: TELECENTROS - AUTÓNOMO - MÓVIL.

a. El trabajador ofrece sus servicios desde casa para tareas determinadas, trabajando como ____________________, sin existir relación laboral entre quien hace el encargo y el trabajador que lo realiza.
b. El trabajo se realiza de forma ____________, trabajando donde surja la necesidad de trabajar, desarrollando su actividad en diferentes lugares. Los ____________________ son centros que se crean para que los empleados no tengan que realizar un largo viaje para ir a trabajar.

9. Enumera los nuevos yacimientos de empleo.

___

___

10. En los itinerarios formativos y profesionales los objetivos deben ser:

a. Concretos.
b. Alcanzables.
c. Ambas respuestas son correctas.

11. Enumera los tres inconvenientes principales del autoempleo.

___

___

Unidad de Aprendizaje 2

La información profesional. Estrategias y herramientas para la búsqueda de empleo

Contenido

1. Introducción
2. Canales de información del mercado laboral: INE, observatorio de empleo y portales de empleo
3. Agentes vinculados con la orientación formativa y laboral e intermediadores laborales: SEPE, servicios autonómicos de empleo, tutores de empleo, OPEA, gabinetes de orientación, ETT, empresas de selección, *consulting,* asesorías y agencias de desarrollo, entre otros
4. Elaboración de una guía de recursos para el empleo y la formación
5. Técnicas de búsqueda de empleo
6. Canales de acceso a la información. La web: portales, redes de contactos, otros
7. El proceso de selección
8. Resumen

Objetivos

Los objetivos específicos de esta Unidad de Aprendizaje son:

→ Fomentar procedimientos y estrategias de búsqueda y actualización de la información del entorno profesional y productivo.

→ Aplicar estrategias y herramientas de búsqueda de empleo.

1. Introducción

Buscar empleo no es una tarea **fácil,** por lo que **es necesario conocer técnicas y herramientas** que ayuden a este proceso de inserción, aumentando las posibilidades de encontrar un trabajo.

Es conveniente conocer un amplio abanico de recursos y saber seleccionar los **que se ajusten más al mercado laboral y al perfil profesional** de cada uno.

Como docentes de la Formación Profesional es importante dotar al alumno de **autonomía en la búsqueda de empleo** y también capacitarlo para optimizar los recursos con los que cuenta.

Para una **búsqueda de empleo eficaz,** por tanto, debe elaborarse una guía de recursos personalizada y sacar el máximo partido posible de todos ellos.

A su vez, es preciso saber redactar una buena **carta de presentación a una empresa,** teniendo así más posibilidades de conseguir un puesto de trabajo y elaborar un currículum vítae que refleje, de forma clara, el perfil profesional del candidato.

Es conveniente que los preseleccionados conozcan la dinámica de las entrevistas de trabajo, pues les creará seguridad saber, en mayor o menor medida, en qué consisten las pruebas que se van a llevar a cabo y cómo deben afrontarlas.

Con todo ello y una búsqueda de empleo bien organizada, se logrará facilitar un proceso complejo como lo es la **inserción laboral.**

En esta unidad continuamos con Patricia, orientadora del gabinete que ha abierto el centro de formación Paideia; veremos a Patricia asesorando sobre las herramientas para la búsqueda de empleo.

2. Canales de información del mercado laboral: INE, observatorio de empleo y portales de empleo, entre otros

HILO CONDUCTOR

César acude a su tercera sesión de orientación con Patricia. Está muy contento de haber establecido su itinerario y saber los pasos que debe seguir para conseguir su objetivo. Esta organización de ideas ha provocado en César una actitud muy positiva y ha disminuido su ansiedad ante la búsqueda de empleo.

César es consciente de que antes de emprenderse como empresario le queda mucho que aprender. Por ello, esta tercera sesión la van a dedicar a conocer los distintos canales de información que deberá manejar para la búsqueda de empleo y poder coger experiencia en su campo para, en un futuro, poder cumplir su sueño de ser empresario.

La necesidad de conocer el mercado laboral, para buscar un empleo o mejorarlo, es indudable. Es imprescindible conocer los canales que aportan información acerca de los cambios y las tendencias de un mercado tan dinámico. Las siguientes fuentes pueden ser interesantes para recabar información sobre el mismo.

2.1. Instituto nacional de estadística (INE)

El INE es el organismo que coordina los servicios estadísticos de la Administración General del Estado.

A través de este organismo se pueden obtener datos estadísticos del mercado laboral, como pueden ser encuestas a la población activa, salarios, empleo de las personas con discapacidad, tiempo de trabajo, movimiento laboral, accidentes de trabajo o convenios de trabajo, entre otros, que ayudarán a tener un conocimiento cuantitativo del mercado laboral.

SABÍAS QUE...

En el siguiente enlace se muestra un ejemplo de un estudio realizado por el INE, concretamente sobre los ocupados y parados que hay en todas las comunidades autónomas de España.

https://redirectoronline.com/mf14460201

2.2. Observatorios Profesionales

El **Instituto Nacional de las Cualificaciones** (en adelante, INCUAL) fue creado por el Real Decreto 375/1999, de 5 de marzo. Es el instrumento técnico, dotado de capacidad e independencia de criterios, que apoya al **Consejo General de Formación Profesional** para alcanzar los objetivos del **Sistema Nacional de Cualificaciones y Formación Profesional.**

La Orden PCI/18/2020, de 10 de enero, por la que se establece el Reglamento del Observatorio Profesional del Instituto Nacional de las Cualificaciones y se determinan las condiciones para el registro y reconocimiento de las entidades colaboradoras del Instituto Nacional de las Cualificaciones, establece que las funciones del INCUAL son:

- Proponer el establecimiento de los procedimientos necesarios que aseguren la cooperación y el flujo recíproco de información entre los diferentes observatorios profesionales, y singularmente con el Observatorio de las Ocupaciones del Servicio Público de Empleo Estatal.
- Proporcionar información sobre la evolución de la oferta y la demanda de las profesiones, ocupaciones y perfiles en el mercado de trabajo, teniendo en cuenta también, entre otros, los sistemas de clasificación profesional surgidos de la negociación colectiva y los análisis de la situación y tendencias del mercado de trabajo.

- Detectar prospectivamente las necesidades formativas derivadas de la aparición de nuevos perfiles profesionales, sin perjuicio de la función permanente de prospección y detección de necesidades formativas del sistema productivo desarrollada por el Observatorio de las Ocupaciones del Servicio Público de Empleo Estatal y otras fuentes de observación.
- Proponer la creación, modificación o eliminación de las cualificaciones profesionales con el fin de mantener actualizado el Catálogo Nacional de Estándares de Competencias Profesionales, de acuerdo con la realidad productiva, y la prospectiva de evolución de los perfiles profesionales de los diferentes sectores productivos y de prestación de servicios.

Dentro del **Instituto Nacional de Cualificaciones (INCUAL)** existe un área destinada a analizar la situación del mercado de trabajo y sus tendencias, las profesiones, ocupaciones y perfiles, llamada **Observatorio Profesional.**

Estos observatorios participan en la definición, elaboración y mantenimiento del Catálogo Nacional de Estándares de Competencias Profesionales, donde se engloban las cualificaciones profesionales más significativas de nuestro sistema productivo, clasificadas en familias profesionales y niveles.

Cada comunidad autónoma tiene un Observatorio Profesional, además de los Observatorios Institucionales, a nivel nacional e internacional (habiendo uno de cada: nacional e internacional).

2.3. Portales de empleo

Se piensa que un portal de empleo es solo un sitio web que funciona como intermediario laboral entre las personas que buscan empleo y las que lo ofrecen, pero no es solo eso. Cada vez son más los portales que, además de su función principal, proporcionan información acerca del mercado laboral, ayudando así a los usuarios a ampliar sus conocimientos de la realidad a la que se exponen a la hora de buscar un empleo o mejorarlo.

A continuación, mostramos un ejemplo extraído del portal **Infojobs,** que refleja el número de ofertas de empleo en España:

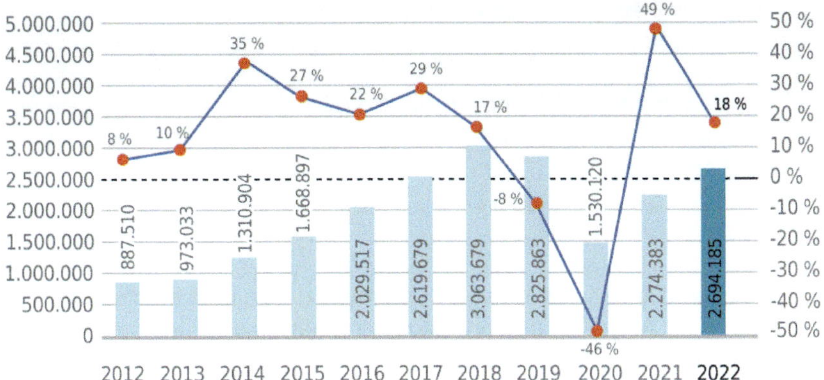

Puestos vacantes publicados desde 2012 hasta 2022

ACTIVIDAD COMPLEMENTARIA

5. Observa el siguiente vídeo sobre el portal de búsqueda de empleo "Empleate":

https://redirectoronline.com/mf14460202

Indaga en el portal y haz un análisis de los perfiles más demandados.

2.4. Revistas, cuadernos y periódicos

Tanto revistas como periódicos y cuadernos especializados en el mercado de trabajo pueden proporcionar **información** necesaria para conocer la actualidad del **contexto sociolaboral** que nos rodea, facilitando así el proceso de inserción.

NOTA

Los **Cuadernos del Mercado de Trabajo** (CMT), por ejemplo, de carácter semestral, están destinados a informar sobre temas de actualidad interesantes en el ámbito laboral.

En cuanto a revistas, existen numerosas destinadas a este ámbito, como puede ser **Actualidad Económica,** informando a sus lectores sobre la economía española.

A su vez, son muchos los periódicos que pueden ayudar a conocer el mercado laboral, ya sean genéricos como **ABC** o **El Mundo,** o específicos, como **Cinco Días** o **La Gaceta de los negocios.**

ACTIVIDAD COMPLEMENTARIA

6. Cita dos periódicos que ayuden a conocer el mercado laboral de forma específica.

APLICACIÓN PRÁCTICA

En esta actividad comprobaremos si te ha quedado claro lo referente a los canales de información del mercado laboral. Para ello, relaciona los siguientes conceptos.

a. INE.
b. Observatorios profesionales.
c. Portal de empleo.
d. Revistas, periódicos y cuadernos.

1. Participan en la definición, elaboración y mantenimiento del Catálogo Nacional de Estándares de Competencias Profesionales.

Continúa en página siguiente >>

<< Viene de página anterior

2. **Es el organismo que coordina los servicios estadísticos de la administración general del estado.**
3. **Funciona como intermediario laboral.**
4. **Pueden proporcionar información necesaria para conocer la actualidad del contexto sociolaboral que nos rodea.**

Solución

a.2
b.1
c.3
d.4

Es imprescindible conocer los canales que aportan información acerca de los cambios y las tendencias del mercado para la búsqueda de empleo. Si no te han quedado claros los conceptos, puedes volver a repasar el punto "Canales de información del mercado laboral: INE, observatorio profesional y portales de empleo"; si todavía sigues teniendo dudas o quieres hacer alguna aportación que sea interesante para el tema que estamos tratando, puedes hacerlo a través de los canales de comunicación que pone a tu disposición la plataforma.

3. Agentes vinculados con la orientación formativa y laboral e intermediadores laborales: SEPE, servicios autonómicos de empleo, tutores de empleo, OPEA, gabinetes de orientación, ETT, empresas de selección, *consulting*, asesorías y agencias de desarrollo, entre otros

HILO CONDUCTOR

Además de los canales de información explicados anteriormente, vamos a ver los agentes vinculados con la orientación formativa y laboral e intermediadores laborales. César debe saber que no solo existe el servicio de orientación de su

Continúa en página siguiente >>

<< *Viene de página anterior*

centro, debe conocer todos los servicios de los cuáles puede disponer según el lugar donde resida. En este caso César vive en una ciudad, por lo que tendrá a mano la mayoría de servicios que vamos a pasar a explicar.

Los servicios que se detallan a continuación facilitan la búsqueda de empleo y proporcionan orientación formativa y laboral. Ninguno de ellos realiza la misma función ni aporta la misma información, por lo que es conveniente conocerlos todos y complementarlos. Cuanto más uso se haga de ellos, más aumentarán las posibilidades de conseguir el objetivo profesional deseado.

3.1. Servicio público de empleo estatal (SEPE)

Según el **Real Decreto Legislativo 3/2015, de 23 de octubre, por el que se aprueba el texto refundido de la Ley de Empleo,** el Servicio Público de Empleo Estatal es un organismo autónomo de la Administración General del Estado al que se encomienda la ordenación, desarrollo y seguimiento de los programas y medidas de la política de empleo, en el marco de lo establecido en la misma ley.

Se compone de unos Servicios Centrales y una red territorial de oficinas distribuidas por provincias (52 provincias), y sus competencias son las siguientes:

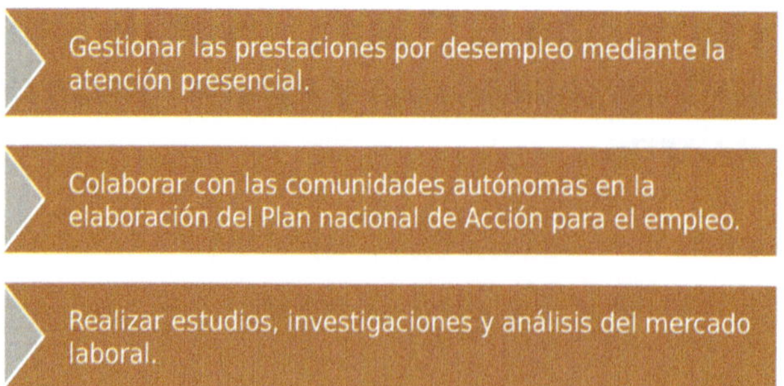

Por otro lado, los servicios que ofrece el Servicio Público de Empleo Estatal son:

- Formación Profesional.
- Mercado laboral.
- Autoempleo.
- Ofertas de empleo.
- Técnicas para la mejora en la búsqueda de empleo: elaboración de un currículum, carta de presentación, preparar las entrevistas de trabajo, etc.
- Glosario de términos clave en este sector.

Una vez explicado el servicio público de empleo estatal, te proponemos la siguiente actividad.

ACTIVIDAD COMPLEMENTARIA

7. Visita la página www.sepe.es y observa los distintos certificados profesionales que existen.

3.2. Orientación Profesional para el Empleo y Asistencia para el Autoempleo

El servicio de OPEA es un proyecto que llevan a cabo los Servicios autonómicos de empleo a través de entidades colaboradoras. Se mueve en dos líneas de actuación:

- **Orientación para el empleo:** se realizan entrevistas individuales en las que el usuario recibe orientación personalizada, acorde a sus intereses y expectativas, acciones grupales de orientación donde, por ejemplo, se practican las entrevistas de trabajo con el fin de conocer las preguntas más frecuentes y trabajarlas con antelación, se facilitan a los participantes recursos de búsqueda de empleo, etc.
- **Autoempleo:** informa sobre las ventajas del mismo y asesora sobre cómo llevar a cabo un proyecto empresarial.

Con estas actividades, el proyecto pretende:

NOTA

Todos los servicios vistos son gratuitos. Para acceder a ellos será necesario pedir cita previa en la oficina de empleo que corresponda, en el portal de la misma o vía telefónica.

VÍDEO

Un ejemplo de OPEA sería el servicio de Andalucía Orienta. Observa el siguiente vídeo:

Continúa en página siguiente >>

<< *Viene de página anterior*

https://redirectoronline.com/mf14460204

3.3. Gabinetes de orientación

Las universidades, desde hace algún tiempo, cuentan con gabinetes de orientación destinados a sus alumnos. Cada vez son más imprescindibles, debido a la necesidad de orientación del alumnado. Su finalidad es contribuir al desarrollo académico y personal de los universitarios.

Las actividades más frecuentes en los gabinetes de orientación son:

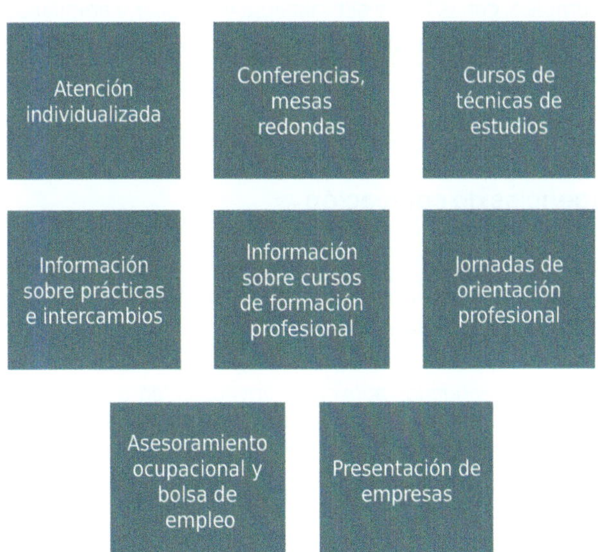

Estas son las mismas funciones que tiene el gabinete de orientación del centro de formación Paidea al que asiste César.

María, después de un año trabajando, se ha quedado desempleada. Su principal objetivo es encontrar un trabajo. Tiene gastos de alquiler y necesita cubrirlos mientras encuentra un nuevo empleo. También está un poco perdida en la búsqueda de empleo, ya que al llevar un año trabajando ha olvidado qué debe hacer.

Determina el orden correcto de los siguientes pasos.

Solución

- Pedir cita para inscribirse como demandante de empleo en la oficina que le corresponda.
- Pedir cita en el Servicio Público de Empleo Estatal, con el fin de solicitar información sobre las prestaciones por desempleo.
- Debido a su desconexión con el mercado laboral, se le recomienda que solicite orientación profesional para el empleo y el autoempleo en su oficina de empleo, con el fin de actualizarse y conocer y ampliar sus oportunidades laborales y de formación.

3.4. Las agencias de colocación

El concepto de agencias de colocación viene recogido en el **R. D. 1796/2010,** estableciendo que son:

> *[...] Aquellas entidades públicas o privadas, con o sin ánimo de lucro, que en coordinación y, en su caso, colaboración con el servicio público de empleo correspondiente, realicen actividades de intermediación laboral.*

Las agencias de colocación autorizadas son agentes que intervienen en la intermediación laboral y cuyas **funciones** son:

- Actividades de intermediación destinadas a proporcionar a las personas trabajadoras un empleo adecuado a sus características y facilitar a los empleadores las personas más apropiadas a sus necesidades.
- Las actuaciones desarrolladas para la búsqueda de empleo (orientación de información profesional) y para la selección de personal.
- Las agencias de colocación pueden ser:
  - De forma autónoma, pero coordinadas con los servicios públicos de empleo.
  - Entidades colaboradoras de los mismos mediante la suscripción de convenios de colaboración y financiación de los servicios públicos de empleo.

ACTIVIDAD COMPLEMENTARIA

8. Observa el siguiente vídeo sobre una agencia de colocación:

https://redirectoronline.com/mf14460205

Una vez visto, cita otras agencias de colocación que conozcas. Si has estado alguna vez en una, explica tu experiencia.

3.5. Empresa de trabajo temporal (ETT)

La creación y funcionamiento de las Empresas de Trabajo Temporal (ETT) están reguladas por el **Real Decreto 417/2015, de 29 de mayo,** por el que se aprueba el Reglamento de las empresas de trabajo temporal y se definen como aquellas empresas cuya actividad fundamental consiste en poner a disposición de otra empresa usuaria, con carácter temporal, trabajadores contratados por ella.

La contratación de trabajadores para cederlos temporalmente a empresas usuarias solo podrá realizarse a través de **ETT debidamente autorizadas,** en caso contrario se estaría ante una cesión ilegal de trabajadores. La cesión de trabajadores se llevará a cabo mediante un contrato de puesta a disposición.

Los contratos celebrados entre la ETT y el trabajador para prestar servicios en empresas usuarias podrán concertarse por **tiempo indefinido** o por **duración determinada** y deberán coincidir con la del contrato de puesta a disposición.

La ETT puede actuar como una agencia de colocación privada siempre y cuando presente una declaración responsable en la que se manifieste que cumple con los requisitos establecidos en la Ley 3/2023, de 28 de febrero, de Empleo.

VÍDEO

Durante el verano el turismo aumenta, por lo que los hoteles deben contratar a más personal. Lo hacen a través de ETT, solicitando profesionales para el período estival. Por el contrario, a los empresarios también le pueden surgir imprevistos. Observa el siguiente vídeo:

https://redirectoronline.com/mf14460206

A continuación, te proponemos la siguiente actividad de investigación. Recuerda que las empresas de trabajo temporal variarán según la zona donde vivas.

ACTIVIDAD COMPLEMENTARIA

9. Busca varias Empresas de Trabajo Temporal y determina cuáles son las ofertas de empleo más comunes.

3.6. Empresas de selección

Frecuentemente, las empresas requieren servicios de las empresas de selección para contratar personal, las cuales son meras intermediarias entre la empresa que contrata y los demandantes de empleo.

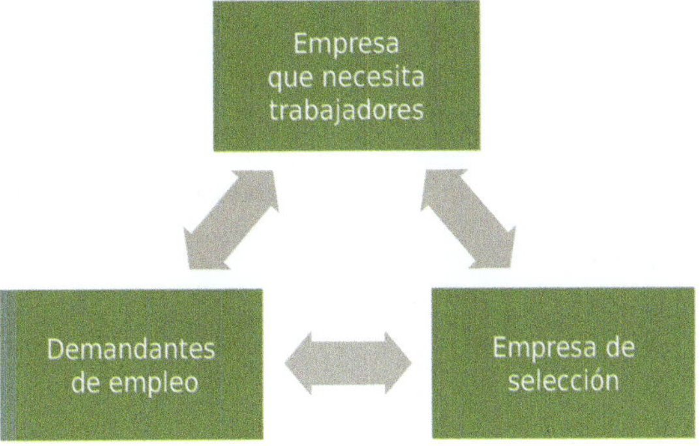

Dichas empresas de selección, a través de anuncios en la prensa o en portales, solicitan el puesto que se requiere y seleccionan a los demandantes que cumplan el perfil para comenzar el proceso de selección.

Cada vez más, las medianas y grandes empresas confían en las empresas de selección, ya que están totalmente cualificadas para realizar una correcta selección del personal.

Es muy importante enviar el currículum a estas empresas y así formar parte de su base de datos.

3.7. Asesoría y *consulting*

Las asesorías y empresas de *consulting* están formadas por profesionales con conocimientos específicos en un área y se encargan de asesorar a personas y empresas. Por ello, es interesante conocer las dedicadas tanto a la **formación** como a los recursos **humanos,** teniendo estas últimas bolsas de empleo.

En las asesorías trabaja personal con formación específica en diferentes campos.

3.8. Agencias de Desarrollo

Las **Agencias de Desarrollo** son instrumentos locales que se encargan de resolver y aportar esfuerzos en favor de la formación y el empleo, así como dinamizar la creación de la actividad productiva y la promoción económica. Para ello, utilizan todos los recursos con potencialidades de acción. Las Agencias de Desarrollo Local son fomentadas a través del SEPE, mediante subvenciones para la contratación de Agentes de Empleo y Desarrollo Local a las Corporaciones Locales, contempladas en la Orden 15 de Julio de 1999.

Las Agencias de desarrollo aportan esfuerzos en favor del empleo y la formación.

3.9. Instituto de las Mujeres

El **Instituto de las Mujeres** cuenta con programas de información, formación y asesoramiento en la búsqueda de empleo y autoempleo.

Los cursos de formación que se imparten son de carácter **innovador,** basados principalmente en una igualdad real entre hombres y mujeres. Asimismo, organiza jornadas, encuentros y conferencias con el fin de sensibilizar a la sociedad sobre la realidad social de la mujer.

En su portal se puede acceder a datos estadísticos acerca del empleo de la mujer y su formación, entre otros. Del mismo modo, cuenta con un acceso al Observatorio de Igualdad de Oportunidades entre Mujeres y Hombres, que recoge los cambios sociolaborales, proponiendo políticas de mejora para la mujer.

3.10. Ayuntamientos

Los ayuntamientos colaboran con el SEPE y el gobierno de la comunidad autónoma, proporcionando información sobre el empleo y la formación. Muchos de ellos cuentan con bolsas de trabajo y boletines de empleo.

Por lo tanto, estos son todos los agentes e intermediadores vinculados con la orientación formativa.

- SEPE
- Servicios autonómicos de empleo
- Tutores de empleo
- OPEA
- Gabinetes de orientación
- Agencias de colocación
- Empresas de selección
- Asesorías y *Consulting*
- Agencias de desarrollo
- Instituto de las mujeres
- Ayuntamientos

Una vez vista la explicación sobre los agentes vinculados con la orientación formativa y laboral e intermediadores laborales, te proponemos la siguiente actividad.

ACTIVIDAD COMPLEMENTARIA

10. ¿Qué diferencias existen entre las Empresas de Trabajo Temporal (ETT) y las Empresas de Selección? Aporta algunos ejemplos de cada tipo.

El conocimiento y contacto con los agentes vinculados a la orientación formativa y laboral te van a abrir muchas posibilidades, ya que vas a estar informado de todas las oportunidades que se presenten para mejorar tu formación académica o tu incorporación al mundo laboral.

TAREA 5

En esta tarea seguimos avanzando en la orientación laboral de nuestro usuario. Si en anteriores tareas habíamos definido el perfil profesional y el contexto sociolaboral del mismo, en esta tarea tendrás que:

Continúa en página siguiente >>

<< *Viene de página anterior*

- Identificar los principales organismos e instituciones de intermediación laboral a los que puede acudir el demandante de empleo, según su perfil profesional.
- Identificar otras fuentes de información para su actualización laboral o profesional, analizando sus características y utilidades.

4. Elaboración de una guía de recursos para el empleo y la formación

☞ HILO CONDUCTOR

César ha finalizado la sesión con toda la información explicada anteriormente. Patricia le ha comentado que el próximo día van a definir los pasos que debe seguir, teniendo en cuenta las posibilidades e intereses de César. Van a pasar a la acción preparando todo lo necesario para que César siga su camino.

Una vez conocidos los canales de información del mercado laboral, los agentes vinculados a la orientación formativa y laboral y los intermediarios laborales, se hace necesaria la elaboración de una **guía personalizada** de recursos para el empleo y la formación.

Cada persona está inmersa en un contexto totalmente distintito, con ambiciones muy diferentes y un propio perfil profesional. Es por ello que de manera individual, cada persona debe elaborar una guía que se ajuste a sus necesidades y expectativas de **futuro. Es recomendable seguir una serie de pasos:**

1. **Definir el perfil profesional y el objetivo profesional a alcanzar:** como ya se ha visto, para comenzar el proceso de inserción es necesario tener claro el perfil profesional con el que uno va a sumergirse en el mercado laboral. De este modo, se sabrán seleccionar las ofertas que interesen, centrándose exclusivamente en las que se ajustan al propio perfil profesional. Asimismo, será posible tomar decisiones acerca de la formación que se requiere para conseguir el objetivo profesional que se pretende lograr, elaborando pequeños objetivos a conseguir.

2. **Tener en cuenta las condiciones laborales:** es muy importante tener en cuenta las que más se ajusten a las preferencias personales, centrándose solo en las ofertas que se adaptan a lo que busca.
   Es importante recordar que:

   a. Con una alta autoestima se afrontarán los retos de manera optimista.
   b. La experiencia es valorada de manera positiva, por lo que si no se cuenta con ella, deben tenerse en cuenta las prácticas en empresas.
   c. Debe considerar las tendencias del mercado laboral, así como los nuevos yacimientos de empleo. Para ello, puede hacer uso de los Observatorios profesionales, Instituto Nacional de Estadística, SEPE, etc.
   d. La formación y actualización permanente abrirá muchas más puertas.

3. **Modalidades de empleo:** para realizar una búsqueda eficaz, hay que centrarse en la modalidad de empleo que se busca. Para acceder a trabajar en una **empresa** existen dos vías:

   a. **Interna:** la empresa busca candidatos en su misma organización.
   b. **Externa:** busca a los candidatos fuera de la empresa a través de personas que han dejado su currículum en la empresa, los Servicios Autonómicos de Empleo, portales de empleo, agentes de intermediación laboral, medios de comunicación, redes de contactos, etc.

   Si has valorado las ventajas y desventajas del autoempleo y crees que cuentas con el perfil necesario para **crear tu propia empresa,** debes:

   a. Elaborar un Proyecto Empresarial, atendiendo a las necesidades del mercado laboral y a los nuevos yacimientos de empleo, para comprobar la viabilidad del mismo.
   b. Si es viable, debes ponerte en marcha para llevar a cabo las gestiones necesarias para crear tu empresa.

   Nota: No obstante, puedes informarte a través del Servicio Público de Empleo Autonómico, con el fin de obtener más información y orientación por parte del proyecto de OPEA.

4. **¿Qué hacer para comenzar la búsqueda?:** Deben elaborarse las herramientas necesarias:

   a. **Carta de presentación:** complementa al currículum vítae y presenta a la persona o empresa a la que se lo envía.
   b. **Currículum vítae:** resumen escrito de la vida profesional.

5. **¿Dónde buscar empleo y oportunidades de formación?:** la búsqueda ha de ser planificada, por lo que debes contar con una agenda de empleo que ayude a organizar las tareas que vas a llevar a cabo:

    a. Elaborar una lista de red de contactos, a los que debes explicarles tu situación actual.
    b. Inscribirte como demandante de empleo en el Servicio Público de Empleo Autonómico correspondiente. Para ello, debes pedir cita y acudir con el DNI, llevar los títulos que acreditan la formación que posees y certificados de empresa que acrediten tu experiencia.
    c. Hacer uso de los agentes de intermediación laboral (ETT, empresas de selección) y de orientación formativa y laboral (Gabinetes de orientación, Instituto de las Mujeres, SEPE, etc.), a través de sus portales o de manera presencial. Podrás así solicitar empleo, inscribirte en sus bolsas de trabajo, recibir información acerca de oportunidades formativas y certificados profesionales, etc.
    d. Elaborar una lista de empresas en las que, por tu formación y experiencia, puedas trabajar. Recopila información sobre dichas empresas, llama y pregunta si están buscando personal y aunque la respuesta sea negativa, presenta tu autocandidatura, ya que así te tendrán en su fichero cuando inicien otro proceso de selección.
    e. Estar al tanto de los medios de comunicación: periódicos, revistas y programas de televisión que proporcionan también ofertas de empleo.

6. **Procesos de selección:** debes anticiparse y estar preparado para una entrevista de trabajo, pruebas profesionales, dinámicas de grupo o psicotécnicos, con el fin de que te llamen para algún proceso de selección y no te pille por sorpresa. Con un buen entrenamiento conseguirás afrontarlos con éxito.

A continuación, se expone una lista de recursos de empleo y formación, de la cual, cada usuario debe saber seleccionar los que pueden serle de mayor utilidad para elaborar tu propia guía de recursos:

Servicio Público de Empleo Estatal (Mercado de trabajo, prestaciones formación y empleo)	www.sepe.es

Continúa en página siguiente >>

<< Viene de página anterior

Servicios Autonómicos de Empleo (ofrecen empleo, orientación y formación)	ANDALUCÍA: Servicio Andaluz de Empleo. ARAGÓN: Instituto Aragonés de Empleo. CANARIAS: Servicio Canario de Empleo. CANTABRIA: Servicio Cántabro de Empleo. Emplea cantabria. CASTILLA LA MANCHA: Oficina de orientación, formación y empleo. Emplea. CASTILLA Y LEÓN: Empleo en Castilla y León CATALUÑA: Servei Públic d'Ocupació de Catalunya. CEUTA. Servicio Público de Empleo Estatal (SEPE). COMUNIDAD VALENCIANA: Labora. Servei Valenciá d'Ocupació i Formació. EXTREMADURA: Extremaduratrabaja. GALICIA: Emprego Galicia. ISLAS BALEARES: Servei d'Ocupació de les Illes Balears (SOIB). LA RIOJA: Servicio Riojano de Empleo y formación. MADRID: Servicio Regional de Empleo. MELILLA: Servicio Público de Empleo Estatal (SEPE). NAVARRA: Servicio Navarro de Empleo. PAÍS VASCO: Lanbide - Euskal Enplegu Zerbitzua (Servicio Vasco de Empleo). PRINCIPADO DE ASTURIAS: Portal del servicio de empleo. Trabajastur. REGIÓN DE MURCIA: Servicio Regional de Empleo y Formación (Sef)
Instituto Nacional de Estadística	www.ine.es
Instituto de las Mujeres	https://www.inmujeres.gob.es/
Observatorio Español de la Economía Social	www.observatorioeconomiasocial.es
Consejo de la Juventud de España	www.cje.org
Formación	https://www.educacionyfp.gob.es/portada.html http://todofp.es/
Portales de Empleo	www.hacesfalta.org www.infoempleo.com www.infojobs.net www.indeed.com www.jobtoday.com www.jobatus.es www.monster.es www.trabajos.com

Continúa en página siguiente >>

<< Viene de página anterior

Empresas de Trabajo Temporal	www.adecco.es www.manpower.es https://www.randstad.es/
Universitarios	www.universia.es
Personas con discapacidad	www.empleodiscapacidad.com www.fundaciononce.es www.cocemfe.es www.disjob.com www.fundacionadecco.org www.discapnet.es
Encontrar el primer empleo y prácticas	www.primerempleo.com
Animación turística y sociocultural	www.animajobs.es www.animatium.com
Comerciales	www.comercial-jobs.com
Educación	www.colejobs.es www.colegios.es www.educajob.com www.eduso.net
Empleo agrario	www.elagricultor.com/trabajoagrario/empleo.php
Sanidad	www.enfermeria21.com www.infofisio.com
Servicio doméstico	www.familiafacil.es www.domestiko.com
Turismo y Hostelería	https://hosteleo.com/es/ www.turijobs.com www.linkers.es
Bolsas de empleo para tiendas	www.decathlon.es https://www.carrefour.es/trabaja-en-carrefour/envia-tu-curriculum/mas-info/
Trabajo en el extranjero	www.academicsearch.se https://eures.europa.eu/index_es https://euro-practice.com/ www.summerjobs.com
Red social de empleo	www.linkedin.com

En la búsqueda de empleo es muy importante la implicación del interesado. No podemos esperar a que las agencias de colocación lo hagan todo por nosotros. Debemos estar en un continuo reciclaje y estar atentos diariamente de todos los canales y agentes de colocación.

Esta implicación por parte del interesado, en su labor de encontrar trabajo, ayudará a enriquecer su motivación y autoestima.

APLICACIÓN PRÁCTICA

A continuación, se muestran una serie de elementos; deberás relacionarlos en función de si corresponden con ETT o portales de empleo.

a. Hacesfalta
b. Infojobs
c. Randstad
d. Adecco
e. Infoempleo
f. Manpower

Solución

Portal de empleo	**ETT**
Hacesfalta	Randstad
Infoempleo	Adecco
Infojobs	Manpower

TAREA 6

En esta tarea volvemos a ocuparnos de nuestro usuario, del que ya anteriormente definimos su perfil profesional y su itinerario profesional y formativo. En esta ocasión, se trata de elaborar la guía de recursos de empleo y formación ajustados a su realidad. Para ello, tendréis que:

- Identificar los organismos y empresas del sector más representativos.
- Identificar las medidas para el fomento de empleo que pudiera haber relacionadas.
- Identificar las principales instituciones y organismos de intermediación laboral relacionadas con el sector.

Continúa en página siguiente >>

<< Viene de página anterior

- Relacionar las publicaciones, seminarios, redes profesionales, foros y otras actividades útiles para el desarrollo del itinerario profesional y formativo de nuestro usuario.

Toda esta información tendrás que organizarla de modo que facilite la consulta y la actualización permanente.

5. Técnicas de búsqueda de empleo

HILO CONDUCTOR

En esta última sesión, Patricia y César están trabajando las técnicas de búsqueda de empleo más habituales y cómo hacer un correcto uso de las mismas.

Para ello, están elaborando una buena carta de presentación y currículum vítae.

5.1. Carta de presentación

Se entiende por carta de presentación al documento que acompaña al currículum vítae con el objetivo de presentarlo y de identificar el empleo que se solicita. Esta carta ha de ser breve y personalizada, demostrando interés y motivación.

Existen dos tipos de cartas de presentación, dependiendo de su finalidad:

Responder a una oferta de empleo	Autocandidatura
- La carta debe ajustarse a la oferta, destacando los puntos fuertes del currículum que cubran las necesidades que demandan en la empresa.	- Se envía por cuenta propia, para que la tengan en cuenta en futuros procesos de selección. Se debe explicar la motivación que le lleva hasta esa empresa y qué puede aportar en ella.

Independientemente de su tipología, toda carta de presentación debe tener la misma estructura. Observa la carta que están elaborando Patricia y César en base a la oferta que han encontrado:

Encabezamiento

Se sitúa en el margen izquierdo superior. Contiene nombre, apellidos, dirección postal, teléfono y correo electrónico.

EJEMPLO

César López Padilla
C/ Aguilar, 3.
41039 Sevilla
Teléfono: 678 11 22 33
Correo electrónico: jlaguilassevilla_3@gmail.com

Fecha

En el margen derecho, después del encabezamiento, debe aparecer la fecha de envío de la carta.

EJEMPLO

Sevilla, 23 junio de 2022

Saludo de cortesía

Suele usarse "Estimados/as señores/as" o "Muy señores/as míos/as".

EJEMPLO

Estimados señores:

Primer párrafo

Incluye el **motivo por el que se envía la carta.** Si la carta solicita un empleo que la empresa ha publicado, debe mencionar el anuncio de la oferta y la fuente. En cambio, si se envía una autocandidatura, se expondrá el tipo de trabajo que se solicita.

EJEMPLO

En relación con la oferta publicada en el portal Infoempleo, el 23 de junio de 2022, en la cual se ofrece una vacante de profesor de inglés, les manifiesto mi interés como licenciado en filología inglesa.

Segundo párrafo

Manifiesta las **razones por las que se está interesado en trabajar en esta empresa,** así como las competencias del perfil profesional que encajan en el puesto solicitado. Es decir, se trata de realizar un resumen atractivo de los puntos del currículum que se ajustan a dicho puesto.

EJEMPLO

Por mi formación como filólogo, complementándola con la aptitud pedagógica necesaria, mi amplia experiencia como docente de inglés y dos años de estancia en el extranjero, considero que reúno las competencias necesarias para desempeñar el puesto que solicitan.

Tercer párrafo

Se muestra el **deseo de concretar una entrevista.** Por ejemplo: "Espero que consideren mi candidatura, con vistas a una entrevista donde podremos analizar con más detalle mi currículum".

EJEMPLO

Espero que consideren mi candidatura en el proceso de selección, así como mi interés con vistas a una posible incorporación a su academia.

Despedida

Fin de la carta con una fórmula de cortesía como puede ser "Agradeciéndoles la atención prestada, les saluda atentamente...". Se finaliza con el nombre y la firma del autor de la misma.

A la espera de sus noticias, un cordial saludo:

Fdo:
César López Padilla

Adjunto currículum vítae.

Observa el vídeo de cómo elaborar una carta de presentación:

https://redirectoronline.com/mf14460207

5.2. Currículum vítae: currículum europeo

HILO CONDUCTOR

A la hora de elaborar un currículum, César debe tener en cuenta que tiene que hacer varios modelos según la oferta de trabajo, ya que hay ofertas más específicas que otras. Aun así, se va decantar por utilizar la plantilla del currículum europeo para que le permita inscribirse en ofertas de trabajo de la Unión Europea y para participar en programas educativos y formativos en la misma.

El currículum vítae es el **resumen, tanto de la formación** como de la **experiencia laboral,** que realiza la persona para acceder a un puesto de trabajo.

En el año 2002, la entonces Comisión de las Comunidades Europeas en Recomendación de 11 de marzo de 2002, propone un modelo europeo común de currículum vítae, el **currículum europeo.**

El currículum europeo, también conocido como Europass, ordena la información siguiendo una plantilla, previamente consensuada, por los países de la Unión Europea. Está diseñado principalmente para buscar trabajo en la Unión Europea y para participar en programas educativos y formativos en la misma. Presenta las competencias y cualificaciones de una manera normalizada para todos los países que la conforman. Es conveniente que el currículum se adapte a la oferta de empleo a la que se opta, o al sector de la empresa a la que se envía, enfocando las competencias adquiridas al sector en el que se busca empleo.

EJEMPLO

Un licenciado en filología inglesa busca empleo como camarero, pero no tiene experiencia. Trabajó 5 años en una academia dando clases de inglés. En el currículum debe resaltar esto, ya que es esencial para el puesto solicitado.

PARA SABER MÁS

Accede al siguiente enlace para leer un artículo sobre el modelo del currículum europeo.

https://redirectoronline.com/mf14460208

ACTIVIDAD COMPLEMENTARIA

11. ¿Conocías el currículum europeo? ¿Te parece interesante? Identifica cuáles son los campos que contiene.

Antes de presentar un currículum vítae debe tenerse en cuenta que este ha de adaptarse a la oferta de trabajo que hemos seleccionado, lo que supondrá tener varios currículums según la oferta elegida. Mientras más ajustemos nuestro perfil a la oferta seleccionada, mayor serán las posibilidades para ser elegidos.

¡Recuerda! La búsqueda de empleo es un proceso de largo plazo, no nos podemos aburrir en el camino, hay que ser constantes, y en cualquier momento recibiremos la llamada que tanto tiempo estábamos esperando.

5.3. Agenda de búsqueda de empleo

HILO CONDUCTOR

César ya es autónomo en su búsqueda de empleo. Patricia le ha asesorado en todo y tiene que empezar a emprender su camino de forma autónoma, sin olvidar que el gabinete siempre estará para asesorarle en cualquier momento. En el comienzo de su búsqueda son numerosas las ofertas que localiza; para ello, se ha elaborado una agenda que le ayudará a tener el control de todas las empresas a las que ha enviado el currículum. De este modo cuando reciba alguna llamada podrá llevar un control de las empresas que le han seleccionado y de las que no, evitando de este modo confusiones.

Una búsqueda de empleo bien organizada ayuda a conseguir un trabajo empleando un tiempo menor. Por ese motivo, se recomienda el uso de una agenda de búsqueda de empleo.

Gracias a este instrumento puede organizarse un plan de acciones y actividades que van a llevarse a cabo para buscar empleo, como puede ser llevar currículum a una empresa, ir al servicio autonómico de empleo o buscar ofertas de trabajo por internet.

Sirve también para llevar un control de las empresas con las que ya se ha contactado y recopilar información acerca de las mismas (procesos de selección que llevan a cabo, puestos que ofertan que pueden ser interesantes, etc.).

Puede usarse una agenda cualquiera o diseñar una propia recogiendo los aspectos que se consideren más relevantes.

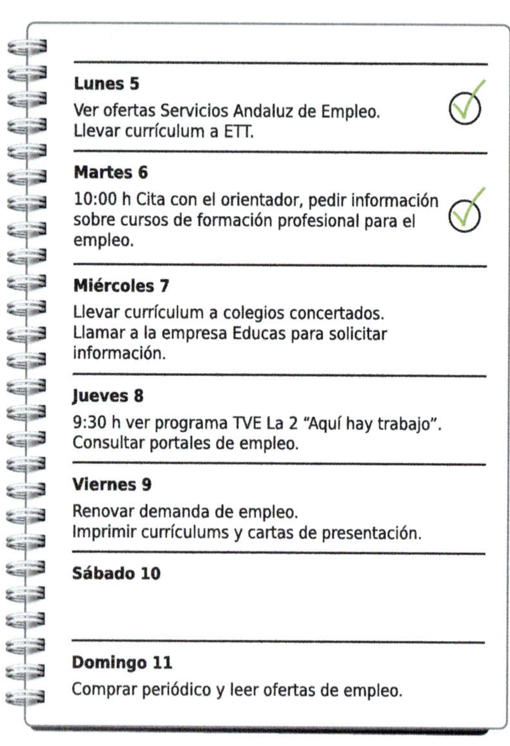

TAREA 7

Busca y selecciona en internet una oferta de empleo; una vez seleccionada debes buscar información sobre la empresa y diseñar los instrumentos de

Continúa en página siguiente >>

<< Viene de página anterior

búsqueda de empleo, como son la carta de presentación y el currículum vítae adaptados a la oferta seleccionada. Para ello, sigue las indicaciones ofrecidas en el desarrollo del contenido.

ACTIVIDAD 1

Identifica los instrumentos que se utilizan en la búsqueda de empleo y relaciónalos con su característica:

1. Documento de presentación que acompaña al currículum vítae con el objetivo de presentarlo.

   a. Currículum vítae
   b. Agenda de búsqueda de empleo
   c. Carta de presentación

2. Resumen, tanto de la formación como de la experiencia laboral, que realiza la persona para acceder a un puesto de trabajo.

   a. Currículum vítae
   b. Agenda de búsqueda de empleo
   c. Carta de presentación

3. Instrumento que permite organizar un plan de acciones y actividades que van a llevarse a cabo para buscar empleo.

   a. Currículum vítae
   b. Agenda de búsqueda de empleo
   c. Carta de presentación

6. Canales de acceso a la información. La web: portales, redes de contactos, otros

HILO CONDUCTOR

César utiliza los portales de búsqueda de empleo habitualmente. Para ello, debe registrarse en todos los que le interesen. ¿Sabes cómo registrarte?

Los canales de acceso a la información son el medio por el cual los demandantes de empleo obtienen información acerca de ofertas de puestos de trabajo disponibles. Se puede acceder a las ofertas de empleo por numerosos medios, aunque, a continuación, se van a explicar los más importantes, ya que generan mejores resultados.

6.1. La web: portales

En los últimos años, debido al avance tecnológico, buscar empleo a través de portales de empleo se ha convertido en lo más habitual. A través de ellos se accede de forma inmediata a la información laboral que se desee.

Generalmente, estos portales son una base de datos, donde las empresas anuncian ofertas de empleo y consultan las demandas, y los demandantes buscan y consultan los puestos disponibles.

Es importante el correcto uso de las webs de empleo y saber seleccionar las páginas que pueden resultar interesantes para el objetivo profesional marcado. Por ello, es necesario tener en cuenta los pasos que deben seguirse:

Registrarse en el portal:

- Crear un nombre de usuario y contraseña y rellenar determinados campos con datos personales. Con ello se gestionarán los servicios personales de cada usuario.

Insertar el currículum:

- Esto puede realizarse de dos formas, dependiendo del portal. Una de ellas es rellenando un formulario estándar, donde el usuario debe incluir las palabras clave de su perfil profesional en las casillas que le facilitan. La otra, adjuntando el currículum en un fichero. En ocasiones, el portal ofrece ambas opciones.

Buscar ofertas en la base de datos:

- Se accede al listado de ofertas de empleo y, si se está interesado en alguna de ellas, solo hay que inscribirse. Para que la búsqueda sea efectiva se recomienda buscar a partir de criterios, por familias profesionales o palabras clave que definan una oferta determinada o área geográfica.

La información que se introduzca en los portales debe ser clara y concisa, ya que no suelen pararse a examinar mucho los datos, y así se permitirá una visión global, aumentando las posibilidades de ser seleccionado.

En el siguiente vídeo, se pueden ver los pasos más detallados que hemos explicado:

https://redirectoronline.com/mf14460209

APLICACIÓN PRÁCTICA

Determina cuál es el orden correcto de los siguientes pasos.

a. Buscar ofertas en la base de datos.
b. Registrarse en el portal.
c. Insertar el currículum.

Solución

1. Registrarse en el portal.
2. Insertar el currículum.
3. Buscar ofertas en la base de datos.

6.2. Red de contactos

La red de contactos es uno de los medios más efectivos en la búsqueda de empleo y de los que menos se usan. Habitualmente, cuando las empresas buscan trabajadores suelen hacerlo mediante contactos conocidos, ya que proporciona más confianza y fiabilidad tener cierta información de antemano, asegurándose de que van a hacer una buena elección al contratarlos. Sin embargo, muchos demandantes de empleo se limitan a echar currículums en las empresas, sin hacer uso de este medio tan eficaz.

Por esta razón, familiares, amigos, compañeros de un antiguo trabajo, excompañeros de clase, vecinos, antiguos profesores o cualquier otra persona conocida pueden ayudar a encontrar un nuevo empleo.

Para hacer un buen uso de la red de contactos, por lo tanto, deben seguirse los siguientes pasos:

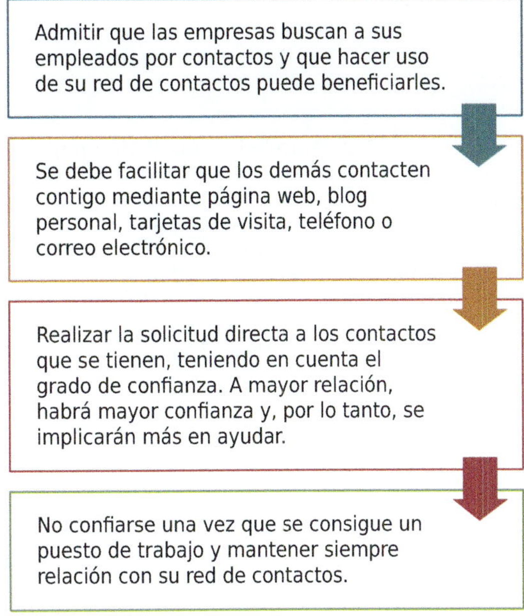

6.3. Publicaciones, medios de comunicación y redes sociales

Es conveniente, en la búsqueda de empleo, repasar las secciones de anuncios de los periódicos, ya que pueden servir de gran ayuda. Algunos periódicos cuentan con un suplemento de empleo donde se publican ofertas de trabajo.

La radio y la televisión también facilitan el acceso al mercado laboral, ofreciendo programas que se encargan de transmitir ofertas de empleo.

A su vez, las redes sociales son grandes canales de información en la búsqueda de empleo, dado que cada vez son más las empresas y portales que tienen una cuenta en redes como *Facebook* o *X*, facilitando así acercar las ofertas de empleo y formación al mayor número de personas posible.

VÍDEO

Observa el siguiente vídeo sobre la búsqueda de empleo en redes sociales.

https://redirectoronline.com/mf14460210

ACTIVIDAD COMPLEMENTARIA

12. ¿Tienes *Facebook* o *X?* Busca en estas redes información sobre el mercado laboral y ofertas de empleo y formación.

    ¿Qué canal de búsqueda de información consideras más importante? ¿Conoces algún otro canal que no se haya mencionado?

Actualmente las empresas recurren a las redes sociales para recabar información sobre las personas que se inscriben a sus procesos selectivos. Por ello, debemos prestar especial cuidado con la información que colgamos en nuestras redes sociales, ya que nos pueden afectar en la búsqueda de empleo.

7. Procesos de selección

HILO CONDUCTOR

Hacer una buena entrevista es fundamental para que te seleccionen en el puesto de trabajo que deseas. Observa las indicaciones que le da Patricia a César para realizar una buena entrevista. Una mala entrevista puede tirar por alto el trabajo que lleva realizando César durante meses.

7.1. La entrevista de trabajo

Es el paso más importante al que se enfrenta una persona que está buscando empleo, pero antes de llegar a ella hay que tener en cuenta unos pasos y recursos para sacarle el máximo partido y conseguir la entrevista que buscas:

- Realiza tu currículum vítae y carta de presentación.
- Crea tu vídeo-currículum, cada vez más empresas lo piden, infórmate de cuáles son.
- Tienes a tu disposición unos servicios de ayuda para tu búsqueda de empleo y la creación de estos recursos: servicios de orientación laboral, portales de empleo, ETT, etc.

El último fin de tu búsqueda de empleo es la **entrevista de trabajo.**

Desde que recibes la llamada de la empresa con la cita para la **entrevista personal,** hay varios pasos a tener en cuenta.

El día antes de la entrevista

- Busca información sobre la empresa que te ha llamado.
- Repasa tu CV, tu formación, experiencias y aptitudes.

El día de la entrevista

Ten en cuenta una serie de puntos importantes:

Ha llegado la hora

Consejos para la entrevista de trabajo:

Puntualidad	Apariencia	Documentación
- En primer lugar, asegúrate del lugar y la hora de la cita.	- En segundo lugar, ten en cuenta la higiene y vestimenta (evita ropa llamativa; bien vestido, limpio, controla el maquillaje, si eres chico, aféitate o ve con una barba cuidada y aseada), nunca mastiques chicle o te comas las uñas.	- Y por último, prepara el material que te puedan pedir: CV, títulos de formación, etc.

- Recuerda, la entrevista comienza según entras por la puerta de la empresa.
- Saluda de forma personalizada, si es posible, y cordialmente, pero no de forma exagerada (lo más adecuado es estrechar la mano, sonriendo y mirando a la cara del entrevistador).
- Deja atrás los nervios y actúa con naturalidad.
- Cuida tu lenguaje corporal: siéntate derecho, muéstrate receptivo y optimista con lo que escuchas y presta atención.
- Cuida tu lenguaje verbal: responde siempre de forma clara y no tutees si no te lo indican.
- Realiza alguna pregunta si alguna cuestión no te ha quedado clara, por ejemplo: ¿Cuáles son los siguientes pasos del proceso de selección? (No es aconsejable que preguntes por periodos de vacaciones).
- En la despedida, muestra tu interés por el puesto y agradece al entrevistador el tiempo dedicado.

Preguntas frecuentes en las entrevistas de trabajo

A la hora de hacer una entrevista de trabajo hay algunas preguntas frecuentes que te pueden hacer.

Es importante que vayas preparado para ellas:

- Cuénteme acerca de usted mismo.
- ¿Cuál es su mayor fortaleza? ¿Y su mayor defecto?

- ¿Por qué quieres trabajar con nosotros?
- ¿Sabes trabajar en equipo?
- ¿Cómo resuelves las situaciones problemáticas?

Con estos vídeos conocerás y aprenderás las estrategias para afrontar y superar una entrevista de trabajo con éxito.

VÍDEO

A continuación, verás algunas entrevistas de trabajo que debes analizar.

Ejemplo de entrevista bien realizada	Ejemplo de entrevista mal realizada

https://redirectoronline.com/mf14460211	*https://redirectoronline.com/mf14460212*

¡Recuerda que la entrevista de trabajo puede ser la oportunidad que buscabas!

TAREA 8

Redacta un cuestionario en el que formules, de manera ordenada, una batería de preguntas posibles que pueden hacerse en una entrevista de selección. Debes preguntar sobre todos aquellos aspectos que te resulten interesantes a la hora de evaluar la adaptación del candidato al puesto de trabajo ofertado. Debes justificar los diferentes bloques de preguntas, argumentando la relevancia de las mismas.

7.2. Pruebas profesionales

Para la evaluación de conocimientos y procedimientos de una profesión, las empresas, después de una entrevista personal, pueden realizar pruebas profesionales.

Con ellas se evalúa hasta qué punto conocen y saben hacer las tareas que son imprescindibles en el puesto de trabajo al que se aspira. Estas pruebas están relacionadas siempre con una profesión y su desarrollo. Pueden ser:

- Teóricas
- Teórico-prácticas
- Prácticas

Se recomienda asegurarse muy bien de que se ha entendido lo que hay que hacer antes de comenzar la prueba; si hay alguna duda, debe preguntarse.

No hay una fórmula mágica para pasar con éxito estas pruebas. Si en el currículum se exponen unos conocimientos y experiencia cierta, y la empresa le ha preseleccionado, no hay que temerles.

Lo que sí juega un papel muy importante es la planificación de la misma, teniendo muy en cuenta el tiempo que se da para realizar la prueba. Elaborando un esquema previo se conseguirá una correcta estructura.

8. Resumen

Los canales de información son:

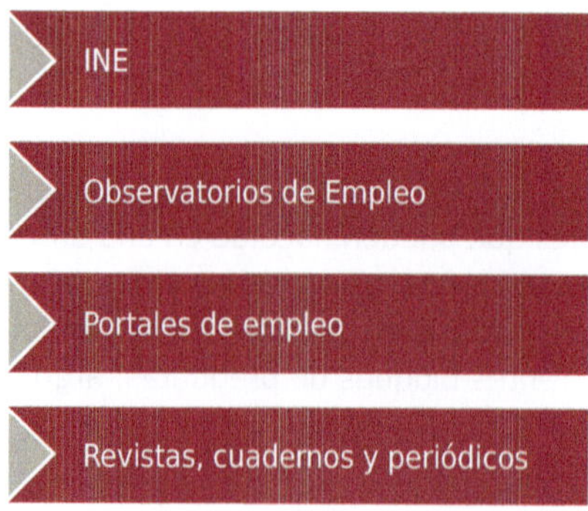

Los servicios de orientación son:

- SEPE
- Servicios autonómicos de empleo
- Tutores de empleo
- OPEA
- Gabinetes de orientación
- Agencias de colocación
- Empresas de selección
- Asesorías y *Consulting*
- Agencias de desarrollo
- Instituto de las mujeres
- Ayuntamientos

El proceso guiado es:

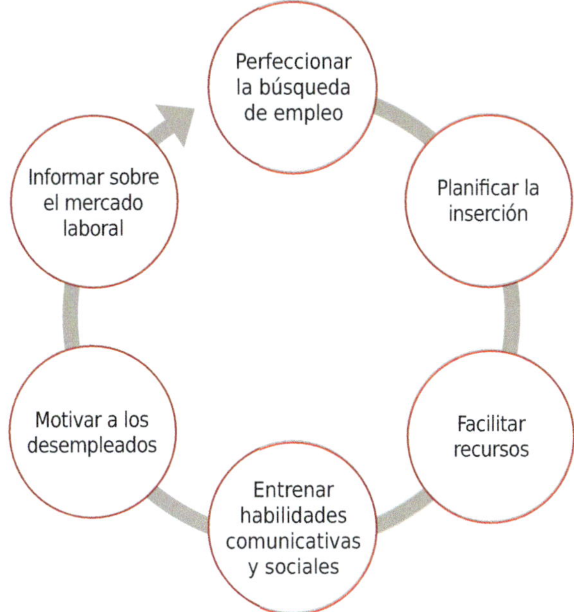

Gracias a las estrategias para una correcta búsqueda de empleo se conseguirá, desde la Formación Profesional, facilitar la inserción laboral de los alumnos.

Para ello, deben conocer los canales de información del mercado laboral anticipándose así a la realidad a la que van a exponerse.

Es importante también recibir una adecuada orientación, tanto formativa como laboral, por parte de los agentes destinados a ello. Así podrán llevar a cabo un proceso guiado que aumente el número de probabilidades en el mercado de trabajo, asegurándose de que conocen todo tipo de intermediadores y opciones que pueden serles favorables.

Una vez conocido el entorno y los medios, deben saber qué hacer por cuenta propia para solicitar trabajo en el contexto laboral que les rodea. Para ello, se trabajan técnicas de búsqueda de empleo que facilitarán la elaboración de cartas de presentación y currículum vítae. De igual importancia es contar con una buena red de contactos, ya que es uno de los medios más efectivos en la búsqueda de empleo y de los menos usados.

No hay que dejar escapar ninguna oportunidad, por tanto, hay que conocer y ensayar las entrevistas de trabajo. Estas, en ocasiones, causan estrés en numerosas personas, pero si previamente están ensayadas conseguirán superarse con éxito.

Ejercicios de autoevaluación
Unidad de Aprendizaje 2

1. **Las siglas INE hacen referencia...**

   a. ... al Instituto Nacional del Estado.
   b. ... al Instituto Nacional de Estadística.
   c. ... a la Investigación Nacional de Estadística.

2. **Completa el siguiente texto:**

   El observatorio de _______________ es una unidad técnica encargada de _______________ la situación del mercado de _______________ y sus tendencias, las profesiones, ocupaciones y perfiles.

3. **¿Qué significa OPEA? Indica cuáles son sus dos líneas de actuación.**

   ____
   ____

4. **¿Qué actividad no es competencia de los gabinetes de orientación en las universidades?**

   a. Atención individualizada.
   b. Información sobre prácticas.
   c. Ofrecer empleo a sus usuarios.

5. **Nombra los tipos de cartas de presentación que existen.**

   ____
   ____

6. Ordena, según el orden de aparición, los elementos que aparecen en una carta de presentación.

__ Despedida.
__ Encabezamiento.
__ Motivo por el que se envía la carta.
__ Deseo de concretar una entrevista.
__ Razones por las que se quiere trabajar en la empresa.
__ Fecha.
__ Saludo de cortesía.

7. ¿Qué pasos deben seguirse para usar de forma correcta un portal de empleo?

____
____
____
____

8. Indica si son verdaderas o falsas las siguientes afirmaciones:

a. La red de contactos no es un medio efectivo para buscar empleo.

- Verdadero
- Falso

b. En los periódicos se publican ofertas de empleo.

- Verdadero
- Falso

c. Los portales de empleo cada vez se usan menos.

- Verdadero
- Falso

d. Para realizar una búsqueda de empleo eficaz, hay que centrarse en la modalidad de empleo que se busca.

- Verdadero
- Falso

9. Cuando se elabora un historial sobre la formación y experiencia laboral que cualifican para un puesto de trabajo, se habla de...

a. ... entrevista.
b. ... carta de presentación.
c. ... currículum vítae.

10. ¿Dónde pueden gestionar una prestación por desempleo?

a. OPEA.
b. SEPE.
c. Tutores de empleo.

11. Relaciona los siguientes elementos en función de si son portales de empleo o empresas de trabajo temporal:

a. Jobtoday
b. Infoempleo
c. Randstad
d. Adecco
e. Infojobs

_ Portal de empleo
_ Empresa de trabajo temporal

12. Las empresas que se consideran intermediarias entre la entidad que contrata y los demandantes de empleo son:

a. Gabinetes de orientación
b. Tutores de empleo
c. Empresas de selección

Unidad de Aprendizaje 3

Calidad en las acciones formativas. Innovación y actualización docente

Contenido

1. Introducción
2. Procesos y mecanismos de evaluación de la calidad formativa
3. Realización de propuestas de los docentes para la mejora para la acción formativa
4. Centros de referencia nacional
5. Perfeccionamiento y actualización técnico-pedagógica de los formadores: planes de perfeccionamiento técnico
6. Centros integrados de formación profesional
7. Programas europeos e iniciativas comunitarias
8. Resumen

Objetivos

Los objetivos específicos de esta Unidad de Aprendizaje son:

→ Analizar mecanismos que garanticen la calidad de las acciones formativas.

→ Diseñar procedimientos y estrategias de innovación y actualización profesional.

1. Introducción

La Formación Profesional busca impartir acciones formativas de calidad, asegurando así la **adquisición de conocimientos, capacidades, destrezas y actitudes** necesarias en los participantes y creando un alto grado de satisfacción en los mismos.

Los **docentes** de este subsistema de formación deben, por tanto, estar **sometidos a una evaluación constante** por parte de los alumnos, que permitirán, con su aportación y opinión, mejorar en las acciones formativas que se imparten.

Asimismo, es necesario estar actualizándose de manera permanente, ser innovadores y muy creativos, **consiguiendo una formación de calidad.**

Por todo ello, es necesario conocer los centros que proporcionan ofertas formativas, así como los encargados de llevar a cabo acciones de innovación.

Del mismo modo, siendo conscientes de que estamos sumergidos en un mercado único, se deben aumentar las posibilidades tanto de formación como de empleo que proporciona la Unión Europea. A través de los **programas europeos** es posible conocer, aprender y compartir experiencias de otros países, mejorando las técnicas y habilidades docentes.

A lo largo de esta unidad, seguiremos con Roberto y Julia docentes del centro de formación Paidea, ambos muy interesados en la formación permanente del profesorado y en ofrecer una formación de calidad.

2. Procesos y mecanismos de evaluación de la calidad formativa

HILO CONDUCTOR

Roberto está finalizando el curso que estaba impartiendo, pero antes quiere evaluar la calidad formativa para ver si ha hecho un buen trabajo y los alumnos han adquirido los objetivos del curso. Para Roberto, esta evaluación es muy importante, ya que le permite mejorar como docente.

Tal y como establece la Ley 30/2015, de 9 de septiembre, el Sistema de Formación Profesional dispondrá de mecanismos de evaluación permanente que permitan conocer:

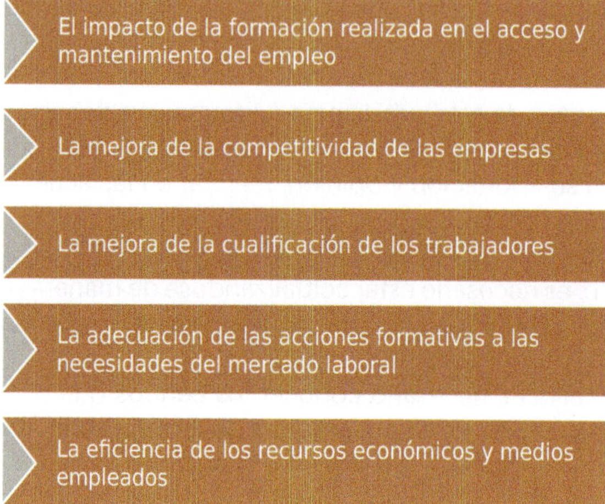

IMPORTANTE

Con esta finalidad, el Servicio Público de Empleo Estatal, con la participación de los órganos o entidades competentes de las comunidades autónomas y de las organizaciones empresariales y sindicales más representativas, elaborará anualmente un plan de evaluación de la calidad, impacto, eficacia y eficiencia del conjunto del Sistema de Formación Profesional en el ámbito laboral, cuyas conclusiones y recomendaciones deberán dar lugar a la incorporación de mejoras en su funcionamiento.

Además, se debe realizar una evaluación permanente, por los órganos competentes para la gestión, programación y control de la formación profesional en sus respectivos ámbitos. Esta evaluación requiere:

- Un estudio previo que justifique la necesidad o idoneidad de la puesta en marcha de toda iniciativa de formación. Este estudio incluirá un análisis de mercado con, al menos, un diagnóstico preciso de las necesidades de formación a las que se pretende dar respuesta.

- El establecimiento de objetivos previos, específicos y cuantificables, acompañados de un sistema de indicadores transparente que permita realizar un seguimiento y evaluación de calidad de la formación.
- La medición del impacto de los conocimientos adquiridos, en términos de inserción de los trabajadores desempleados en un empleo relacionado con la formación recibida y de mejora del desempeño en el puesto o posibilidades de promoción para los trabajadores ocupados.
- Una evaluación de la satisfacción de los usuarios en la que participarán los propios alumnos y las empresas.
- El análisis sistemático de las conclusiones y recomendaciones que resulten de la evaluación, para que se traduzcan en mejoras para el sistema.

NOTA

Asimismo, se realizarán cuantas evaluaciones estimen necesarias para dar respuesta a objetivos e indicadores concretos previamente definidos. Estas evaluaciones serán externas, es decir, se realizarán por entidades independientes ajenas al Sistema de Formación Profesional. Asimismo, podrán realizarse evaluaciones interadministrativas acerca de la calidad y el impacto de la formación.

2.1. Planes anuales de evaluación de la calidad

El **Plan Anual de Evaluación de la Calidad** se encarga de recoger información que permita tanto orientar las acciones formativas como la toma de decisiones. Pretende, por tanto, **medir y valorar la calidad de la formación,** es decir, el conjunto de características que hacen que sea apta para satisfacer las necesidades de sus usuarios, en cuanto a contenidos, duración, profesorado e instalaciones.

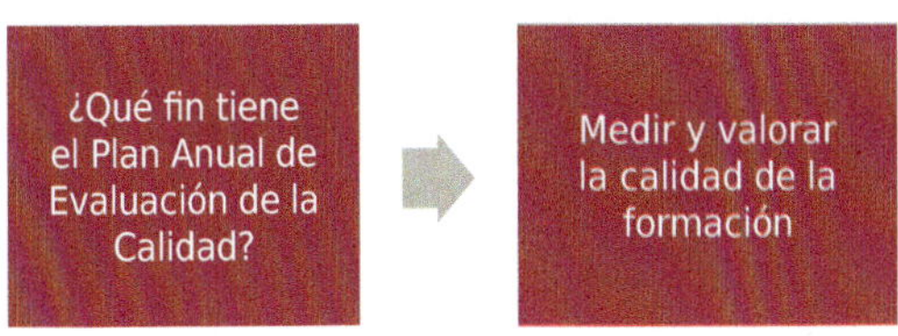

IMPORTANTE

El Servicio Público de Empleo Estatal, junto con los órganos competentes de las Comunidades Autónomas y con la colaboración de la Fundación Estatal para la Formación en el Empleo, ha constituido un grupo de trabajo encargado de elaborar anualmente el Plan de evaluación de la calidad, impacto, eficacia y eficiencia del conjunto del Sistema de Formación Profesional en el ámbito laboral.

El Plan anual de Evaluación se someterá a informe del Consejo General del Sistema Nacional de Empleo, que es el órgano consultivo en materia de formación profesional, en el que participan las Administraciones Públicas y los Interlocutores Sociales.

En el marco del enfoque adoptado por la Ley 30/2015, de 9 de septiembre, los Planes anuales de Evaluación deben **contemplar y observar los fines del propio sistema;** los cuales son:

1. Favorecer la formación a lo largo de la vida de los trabajadores desempleados y ocupados para mejorar sus competencias profesionales y sus itinerarios de empleo y formación, así como su desarrollo profesional y personal.
2. Contribuir a la mejora de la productividad y competitividad de las empresas.
3. Atender a los requerimientos del mercado de trabajo y a las necesidades de las empresas, proporcionando a los trabajadores las competencias, los conocimientos y las prácticas adecuados.
4. Mejorar la empleabilidad de los trabajadores, especialmente de los que tienen mayores dificultades de mantenimiento del empleo o de inserción laboral.
5. Promover que las competencias profesionales adquiridas por los trabajadores, tanto a través de procesos formativos como de la experiencia laboral, sean objeto de acreditación.
6. Acercar y hacer partícipes a los trabajadores de las ventajas de las tecnologías de la información y la comunicación, promoviendo la disminución de la brecha digital existente, y garantizandola accesibilidad de las mismas.

Dicho plan utiliza un **modelo de evaluación ex-post de resultados,** es decir, posterior al hecho, y como su nombre bien indica, es de **carácter anual.**

Así pues, un Plan Anual de Evaluación de Calidad evalúa las diversas iniciativas/modalidades de Formación Profesional que se han desarrollado durante un año en concreto. Para ello, analiza los factores que influyen en las acciones formativas, propone cambios y mejoras e incluye una visión global de la Formación Profesional. También, a través de este documento, **se rinde cuentas a la Administración Pública.**

Como en todo proceso de evaluación, deben tenerse en cuenta los **condicionantes y límites** que presenta la evaluación de la Formación Profesional:

1. El objeto de evaluación, es decir, la Formación Profesional es muy amplia y diversa, y los instrumentos son muy heterogéneos, por lo que prima una visión conjunta sobre una específica de cada actividad.
2. No existe un enfoque integral de la planificación, limita la evaluación al no poder determinarse el grado de cumplimiento de objetivos previstos.
3. Disponibilidad y calidad de la información: no existen procedimientos comunes de información y dificultades para un seguimiento estadístico sobre la situación de los trabajadores que participan en las acciones.

NOTA

Los planes anuales de Evaluación de la Calidad son publicados por el Sistema Nacional de Empleo y se pueden consultar en la siguiente dirección:

https://redirectoronline.com/mf14460301

El **informe** que se elabora tras el proceso de evaluación contiene los siguientes **aspectos:**

- Herramientas, metodologías, procedimientos, procesos, técnicas y materiales empleados en el desarrollo del Plan.
- Análisis de contexto.
- Principales resultados de gestión de los programas e iniciativas.
- Análisis de los indicadores para cada una de las iniciativas/modalidades de formación del Sistema de Formación Profesional, atendiendo a la calidad de la formación.
- Aspectos evaluativos relevantes de la formación impartida vinculada al Sistema Nacional de Cualificaciones y Formación Profesional.
- Conclusiones del estudio de evaluación.
- Juicios valorativos y propuestas de mejora para su introducción en el funcionamiento del Sistema de Formación Profesional.
- Buenas prácticas seleccionadas.

Una vez vistos los aspectos principales del Plan Anual de Evaluación, te proponemos la siguiente actividad.

ACTIVIDAD COMPLEMENTARIA

13. Enumera los condicionantes principales que presenta el Plan Anual de Evaluación de la Calidad.

3. Realización de propuestas de los docentes para la mejora para la acción formativa

HILO CONDUCTOR

Roberto debe conocer qué evalúan los alumnos sobre la acción formativa. Por lo tanto, tendrá que conocer qué es un indicador de evaluación y qué finalidad tienen.

Tal y como se ha visto en el apartado anterior, el Plan Anual de Evaluación de la Calidad proporciona información acerca de la Formación Profesional, con el fin de mejorarla. Por eso, como futuros docentes de esta formación, se debe conocer **qué evalúan los alumnos sobre la acción formativa** que reciben.

IMPORTANTE

La información que los participantes facilitan acerca de la calidad de la formación es el **referente principal** que debe tener un docente para **cambiar y mejorar su acción formativa, adaptándola** a las necesidades de sus alumnos.

3.1. Indicadores de evaluación de la calidad de la acción formativa

Un indicador es un **dato o conjunto de datos** que ayudan a medir objetivamente la evolución de un proceso o una actividad.

Gracias a estos indicadores se **conocen los aspectos que pueden mejorarse,** es decir, los que cuentan con una evaluación negativa, adaptándolos a las necesidades de los alumnos y consiguiendo así una formación de calidad.

NOTA

La Resolución de 27 de abril de 2009, del Servicio Público de Empleo Estatal, publica los cuestionarios de evaluación de calidad de las acciones formativas para el empleo, siendo este el modo de recogida de la opinión que tienen de los participantes de las acciones formativas.

Atendiendo a dicho cuestionario, el Plan Anual de Evaluación de Calidad, a nivel estatal, del año 2020-2021, versión del 22 de abril de 2022, selecciona los siguientes indicadores como objeto de evaluación de la calidad en la Formación Profesional:

- **Ejecución Físico Financiera/Eficiencia.** Estos indicadores tienen el objetivo de medir el volumen de formación gestionada, el número de personas atendidas y la cantidad de recursos financieros utilizados:
    - Volumen de participantes en programas públicos de empleo-formación.
    - Volumen de ejecución física de participantes en acciones formativas.
    - Tasa de participantes que realizan prácticas profesionales no laborales.
    - Tasa de abandono por colocación.
    - Tasa de abandono por otras causas.
    - Duración media de las acciones de formación impartidas.
    - Coste medio por participante finalizado y hora en la formación de oferta.
    - Coste medio por participante finalizado y hora en la formación programada por las empresas y PIF.
    - Grado de ejecución financiera.

- **Eficacia.** Este indicador se centra en evaluar el acceso a la información de participantes y empresas que intervienen, el grado de adquisición de competencias y la mejora de la cualificación:
  - Tasa de multiparticipación.
  - Tasa de cobertura de trabajadores desempleados.
  - Tasa de cobertura de trabajadores ocupados.
  - Tasa de cobertura de bonificación de las empresas.
  - Tasa de éxito formativo.
- **Impacto.** Este indicador evalúa la aportación al mantenimiento o mejora del empleo de los participantes, el aporte a la competitividad empresarial y la disminución de la brecha digital:
  - Tasa de mantenimiento en el empleo.
  - Tasa de inserción laboral por cuenta ajena en programas públicos de empleo-formación al finalizar el proyecto.
  - Tasa de inserción laboral según afiliación a la seguridad social.
- **Calidad.** Este indicador mide la adecuación de la iniciativa a las necesidades del mercado de trabajo, las necesidades de las empresas, las necesidades de los trabajadores, y mide la satisfacción de los participantes:
  - Grado de satisfacción general de los participantes finalizados con los cursos.
- **Prioridades estratégicas.** Este indicador se centra en identificar el número de participantes de acuerdo con ciertas características como, por ejemplo, su edad, nacionalidad o zona de residencia:
  - Participación de personas jóvenes en iniciativas de formación.
  - Volumen de participantes de zonas rurales en iniciativas de formación.

TAREA 9

Identifica los indicadores que deben tenerse en cuenta para la evaluación de la calidad, en función de estos, elabora los siguientes cuestionarios:

- Cuestionario de calidad para alumnos.
- Cuestionario de calidad para docentes.

Continúa en página siguiente >>

<< Viene de página anterior

- Cuestionario de calidad para el centro impartidor.

Una vez elaborados, cumpliméntalos y realiza el volcado de la información en hojas de registro, identificando los aspectos de mejora de la acción formativa.

4. Centros de referencia nacional

HILO CONDUCTOR

Roberto está interesado en obtener información sobre planes de perfeccionamiento técnico y metodológico para formadores. Ha escuchado hablar de los centros de referencia nacional, pero no conoce a la perfección el funcionamiento de dichos centros. Para ello, va a buscar información sobre el funcionamiento de los mismos y localizar el centro más cercano para recopilar toda la información necesaria.

Los Centros de Referencia Nacional quedan regulados por el **Real Decreto 229/2008,** de 15 de febrero y se dedican a realizar acciones de innovación y experimentación en formación profesional.

Funciones de los centros de referencia:

1. *Observar y analizar, a nivel estatal, la evolución de los sectores productivos, para realizar propuestas de adecuación de la oferta de formación del Sistema de Formación Profesional a las necesidades del mercado de trabajo.*
2. *Colaborar en la actualización del Catálogo Nacional de Estándares de Competencias Profesionales, así como en el diseño y actualización de currículos de las ofertas del Sistema de Formación Profesional.*
3. *Experimentar acciones de innovación formativa vinculadas al Catálogo Nacional de Estándares de Competencias Profesionales, en colaboración con los centros de la red estatal de excelencia, incluyendo la gestión de redes virtuales que pudiera encomendárseles.*
4. *Elaborar propuestas metodológicas activas y materiales didácticos, así como participar en la realización, custodia, mantenimiento y actualización de pruebas de evaluación de ofertas del sistema, en los términos que las Administraciones competentes establezcan.*

5. *Establecer vínculos de colaboración con centros del Sistema de Formación Profesional, en particular centros integrados, centros especializados y centros de la red estatal de excelencia, organizaciones empresariales y sindicales más representativas del sector productivo de referencia, agencias de cualificaciones autonómicas, universidades, centros tecnológicos y de investigación, empresas, y otras entidades, para fomentar la innovación e investigación aplicada, y desarrollo del Sistema de Formación Profesional.*
6. *Diseñar y proponer planes de perfeccionamiento técnico y metodológico dirigidos al personal docente o formador, expertos y orientadores profesionales, actuando como centros de formación del profesorado y formadores del Sistema de Formación Profesional.*
7. *Colaborar en el desarrollo del procedimiento de acreditación de las competencias profesionales, así como del sistema de orientación profesional, diseñando un banco de recursos que mejoren la prestación de ambos elementos del Sistema de Formación Profesional.*
8. *Participar en programas e iniciativas internacionales en su ámbito de actuación.*
9. *Realizar cuantas otras funciones análogas les sean asignadas relacionadas con los fines descritos.*

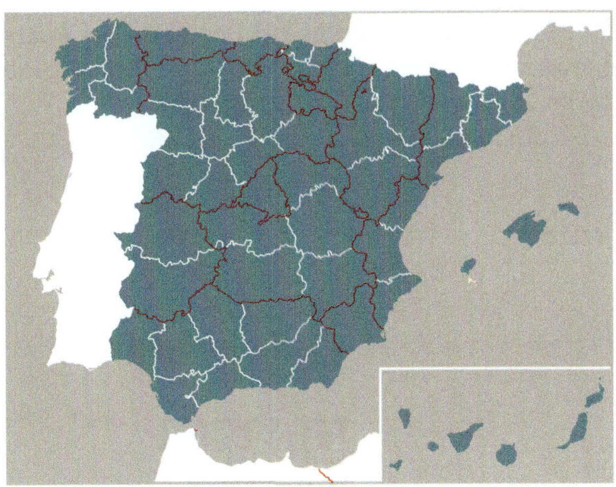

En todo el territorio nacional se encuentran centros de referencia nacional.

Los **Centros de Referencia Nacional** se encuentran repartidos por las diferentes comunidades autónomas de nuestro país, agrupados por las familias profesionales recogidas en el **Catálogo Nacional de Estándares de Competencias Profesionales:**

Actividades Físicas y Deportivas	Administración y gestión	Agraria	Artes gráficas
Artes y artesanías	Comercio y Marketing	Edificación y obra civil	Electricidad y electrónica
Energía y agua	Fabricación mecánica	Hostelería y turismo	Imagen Personal
Imagen y sonido	Industrias alimentarias	Industrias extractivas	Informática y comunicaciones
Instalación y mantenimiento	Madera, mueble y corcho	Marítimo-pesquera	Química
Sanidad	Seguridad y Medio Ambiente	Servicios socioculturales y a la comunidad	Textil, Confección y Piel
Transporte y mantenimiento de vehículos	Vidrio y cerámica		

NOTA

Los Centros de Referencia Nacional son de **carácter público y de ámbito estatal,** estando presentes en las diferentes comunidades autónomas y especializados en las diferentes familias profesionales.

VÍDEO

Observa el siguiente vídeo sobre el centro de referencia nacional de Piedra Natural.

https://redirectoronline.com/mf14460302

Una vez visto el vídeo sobre el centro de referencia nacional de Piedra Natural, te proponemos la siguiente actividad.

ACTIVIDAD COMPLEMENTARIA

14. Busca en internet otro centro de referencia nacional parecido al que hemos visto en el vídeo anterior.

TAREA 10

Realiza una búsqueda e identifica todos aquellos programas que complementen la formación técnica y didáctica, favoreciendo la aplicación de los procesos innovadores. Cuando identifiques los programas, localiza todos los datos de contacto (dirección postal, dirección electrónica y teléfono) de los centros que gestionen dichos programas. Con estos datos confecciona un directorio que puede serte muy útil en tu actividad profesional como docente.

5. Perfeccionamiento y actualización técnico-pedagógica de los formadores: planes de perfeccionamiento técnico

HILO CONDUCTOR

Roberto ha localizado el centro de referencia nacional más cercano y le han informado de los planes de perfeccionamiento técnico y metodológico para formadores que existen. Después de obtener el resultado de los cuestionarios de calidad realizados por los alumnos, ha decidido realizar un curso de perfeccionamiento técnico para mejorar sus habilidades didácticas e incrementar su profesionalidad.

El Servicio Público de Empleo Estatal establece un **Plan Anual de Perfeccionamiento Técnico** para formadores de Formación Profesional. Para su elaboración, colaboran los **Servicios Autonómicos de Empleo, los Centros de Referencia Nacional y las direcciones provinciales del SEPE.**

5.1. ¿Qué se pretende con la elaboración de este plan?

Se pretende responder a las necesidades de perfeccionamiento y actualización técnico-pedagógica de los docentes que imparten Formación Profesional, **mejorando así sus habilidades didácticas e incrementando la profesionalidad** y centrándose en los siguientes objetivos:

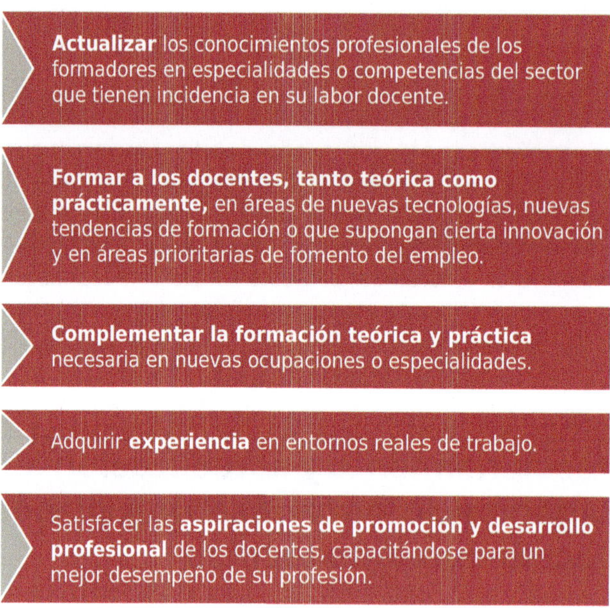

Observa los pasos que debe seguir Roberto para solicitar el curso de perfeccionamiento técnico.

1. El Servicio Público de Empleo Estatal publica en su portal el Plan de Perfeccionamiento Técnico, donde se recoge la oferta anual de cursos de perfeccionamiento técnico. No obstante, también puede obtenerse información a través de los Centros de Referencia Nacional o enviando un correo electrónico a perfeccionamiento.formadores@sepe.es.
2. La inscripción de los cursos se realiza a través del mismo portal y no podrán realizarse más de tres cursos por año, dando así oportunidad a todos los solicitantes. Para acceder a la solicitud de los mismos es necesario el DNI electrónico, certificado digital y usuario y contraseña (facilitado por una oficina de Servicio Público de Empleo).
3. Una vez recibidas las solicitudes, se lleva a cabo un proceso de selección, donde se tienen en cuenta los siguientes aspectos:

a. Se realizará una preselección solo con las solicitudes debidamente informadas por el responsable de la comunidad autónoma de cada solicitante. La solicitud con informe desfavorable no informada, o con falta de datos técnicos para ser valorada, quedará desestimada.
b. A los cursos de perfeccionamiento técnico solo pueden asistir formadores de formación profesional.
c. Tendrán preferencia aquellos formadores que impartan acciones formativas actualmente.
d. Otro colectivo preferente son los docentes en desempleo al inicio del curso.
e. Adecuación del contenido con el perfil académico y profesional del solicitante.
f. Número total de cursos que imparte en Formación Profesional y horas impartidas en los últimos 5 años.
g. Idoneidad del itinerario profesional del solicitante con la acción formativa.
h. Se considerará preferente un docente en activo que no haya asistido a cursos de perfeccionamiento técnico en el año actual o en los dos últimos años.
i. No será seleccionado un formador que en los 3 últimos años haya realizado cursos de contenido similar.
j. Solo serán seleccionados alumnos que no hayan sido convocados en la misma fecha de impartición para otro curso.
k. La selección intentará que el listado de convocados suponga un reparto proporcional por colectivos o los distintos centros, CC. AA. o entidades de Formación Profesional, y se respete el principio de igualdad de oportunidades, igualdad de género e integración de las personas con discapacidad, siempre que sea posible.

4. Una vez finalizado el proceso, el centro que imparte el curso avisará a los seleccionados, teniendo estos que comprometerse a asistir al mismo.

A la finalización del curso, los alumnos formados deberán contestar a los **cuestionarios** de evaluación de calidad y recibirán un diploma acreditativo, siempre y cuando cumplan los requisitos para su obtención.

Ya sabemos qué son los cursos de perfeccionamiento técnico y dónde podemos obtener información sobre ellos. A continuación, realiza la actividad que te proponemos.

ACTIVIDAD COMPLEMENTARIA

15. Imagina que eres docente de Formación Profesional del certificado profesional de Interpretación y Educación Ambiental y vives en Cartagena (Murcia). Localiza los cursos del Plan de Perfeccionamiento Técnico más reciente de la localidad citada.

6. Centros integrados de formación profesional

Los Centros Integrados de Formación Profesional son aquellos que **imparten ofertas formativas** con el fin de obtener títulos de Formación Profesional y/o Certificados Profesionales y quedan regulados por el **Real Decreto 1558/2005, de 23 de diciembre,** por el que se regulan los requisitos básicos de los Centros integrados de formación profesional.

Tipos de centros:

Cofinanciados por el Fondo Social Europeo

De nueva creación o transformación de centros existentes

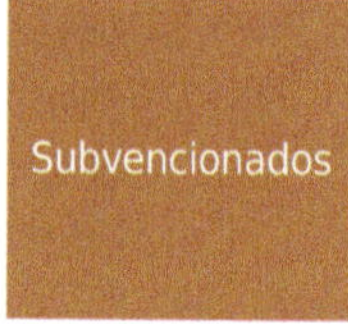

IMPORTANTE

En **el portal Todo FP,** del Ministerio de Educación, Formación Profesional y Deportes, pueden **consultarse los Centros Integrados de Formación Profesional** que existen en cada comunidad autónoma o bien agrupados por familias profesionales.

Los Centros Integrados de Formación Profesional, contribuyendo al desarrollo del Sistema Nacional de Cualificaciones y Formación Profesional, **pretenden:**

1. La cualificación y recualificación de las personas a lo largo de la vida, a través de una oferta de Formación Profesional Modular, flexible, de calidad, adaptada a las demandas de la población y a las necesidades del sistema productivo.
2. Contribuir, cuando proceda, a la evaluación y acreditación de competencias profesionales adquiridas por las personas a través de la experiencia laboral y de vías no formales de formación, promoviendo, de este modo, la valoración social del trabajo.
3. Información y orientación profesional a las personas, para que tomen las decisiones más adecuadas respecto de sus necesidades de Formación Profesional en relación con el contexto sociolaboral en el que se desenvuelven.
4. Establecer un espacio de cooperación entre el sistema de Formación Profesional y el entorno productivo sectorial y local para desarrollar y extender una cultura de la formación permanente, contribuyendo a prestigiar la formación profesional.
5. Fomentar la igualdad real y efectiva entre mujeres y hombres.

Para atender a los fines mencionados, estos centros desempeñan las siguientes **funciones,** desarrollando **acuerdos y convenios** con empresas, instituciones y otros organismos y entidades para el aprovechamiento de las infraestructuras y recursos disponibles, que contribuyan a la calidad de la formación:

- **Imparten ofertas formativas conducentes a títulos de Formación Profesional y certificados profesionales** de la familia o área profesional que tengan autorizadas y otras ofertas formativas que den respuesta a las demandas de las personas y del entorno productivo.
- **Desarrollan vínculos con el sistema productivo del entorno,** en los ámbitos de formación del personal docente, formación de alumnos en centros de trabajo y la realización de otras prácticas profesionales, orientación profesional y participación de profesionales del sistema productivo en la impartición de docencia. Del mismo modo, y en este contexto, colabora en la detección de las necesidades de cualificación y en el desarrollo de la formación permanente de los trabajadores.
- **Informa y orienta a los usuarios,** de manera individual y colectiva, para facilitar el acceso, la movilidad y el progreso en los itinerarios formativos y profesionales, colaborando con los servicios públicos de empleo.

Además de las funciones citadas, los Centros Integrados de **carácter público y los privados concertados** que cuentan con autorización administrativa, podrán desarrollar las siguientes **funciones:**

- **Participar en los procedimientos de evaluación** y, en su caso, realizar la propuesta de acreditación oficial de las competencias profesionales adquiridas por las personas a través de la experiencia laboral o de vías no formales de formación.
- **Promover y desarrollar acciones y proyectos** de innovación y desarrollo, colaborando con las empresas del entorno y los interlocutores sociales, y transferir, tanto el contenido como la valoración, de las experiencias desarrolladas al resto de los centros.
- **Acompañar en la promoción y desarrollo de acciones formativas** para docentes y formadores de los diferentes subsistemas en la mejora permanente de las competencias que se requieren en su función, respondiendo a sus necesidades específicas de formación.
- **Colaborar** con los Centros de Referencia Nacional, Observatorios de las profesiones y ocupaciones, Institutos de cualificaciones y otras entidades en el **análisis de la evolución del empleo y de los cambios** tecnológicos y organizativos que se produzcan en el sistema productivo del entorno.
- **Informar y asesorar** a otros Centros de Formación Profesional.

APLICACIÓN PRÁCTICA

Como hemos comentado anteriormente, Ana siente la necesidad como formadora de mejorar sus habilidades didácticas, actualizarse desde el punto de vista técnico y pedagógico. ¿A través de qué plan puede acceder para poder conseguir su finalidad?

a. Plan Anual de Perfeccionamiento Técnico.
b. Plan Anual de Servicio de Empleo.
c. Plan de Perfeccionamiento de Referencia Nacional.

Solución

Ana podría actualizarse a través del Plan Anual de Perfeccionamiento Técnico.

7. Programas europeos e iniciativas comunitarias

HILO CONDUCTOR

No solo existen programas destinados a docentes, también existen programas destinados a los alumnos. Patricia, la orientadora del centro de formación Paidea está preparando una conferencia para hablar de los distintos programas europeos e iniciativas comunitarias que existen. ¿Conoces todos los programas de los que puedes disfrutar?

El Reglamento (UE) 2021/817 del Parlamento Europeo y del Consejo de 20 de mayo de 2021 por el que se establece Erasmus+, el Programa de la Unión para la educación y la formación, la juventud y el deporte tiene como objetivo desarrollar sociedades inclusivas, cohesionadas y resilientes, y mantener la competitividad de la Unión, así como reforzar la identidad y los valores europeos y a lograr una Unión más democrática. Para alcanzar dichos objetivos, se invierte en la movilidad para favorecer el aprendizaje de todas las personas, independientemente del origen y los medios, y en cooperación y desarrollo de políticas de innovación en los ámbitos de la educación y la formación, de la juventud y del deporte.

Los objetivos del programa Erasmus+ se persiguen a través de las siguientes **acciones claves:**

1. Movilidad para el aprendizaje.
2. Cooperación entre organizaciones e instituciones.
3. Apoyo al desarrollo de políticas y a la cooperación.

NOTA

Las acciones Jean Monnet recogidas en el artículo 8 del reglamento también deben intervenir en la consecución de los objetivos del programa Erasmus+.

En el ámbito de la **educación y la formación,** el programa Erasmus+ establece las siguientes actuaciones en cada una de las acciones claves anteriores:

- **Acción clave 1.** Dirigida a estudiantes y personal de educación superior, de educación y formación profesional, de centros escolares y de educación de personas adultas. Incluye actuaciones de movilidad a corto o largo plazo, de forma grupal o individual, en diversos ámbitos incluido el digital, el cambio climático, la energía limpia y la inteligencia artificial.
- **Acción clave 2.** Incluye:
    - Las asociaciones para la **cooperación y el intercambio de prácticas** y para **promover** el acceso amplio e inclusivo al programa.
    - Las asociaciones **de excelencia** entre universidades europeas, entre plataformas de centros de excelencia profesional y con programas de estudios integrados (máster Erasmus Mundus), con el objetivo de fomentar la excelencia y desarrollar estrategias para la mejora de la calidad formativa a través de prácticas y pedagogías innovadoras desarrolladas de forma conjunta.
    - Las **asociaciones para la innovación** con el objeto de reforzar la capacidad innovadora de Europa a través de la cooperación estratégica entre agentes clave de la formación, la empresa y la investigación; así como, con el desarrollo de proyectos dirigidos a la innovación, creatividad, participación electrónica y emprendimiento social.
    - Las **plataformas en línea y herramientas de cooperación virtual** fáciles de usar (servicios de apoyo a la red de profesores eTwinning y a la plataforma electrónica de la enseñanza de adultos en Europa, EPALE) y herramientas para facilitar la movilidad para el aprendizaje (tarjeta europea de estudiante).
- **Acción clave 3.** Incluye:
    - La **preparación y la aplicación de los programas sectoriales y generales** de la UE en el ámbito de la educación y la formación, que cuentan con una gran cantidad de actividades y con el apoyo de la red Eurydice y al proceso de Bolonia.
    - Las **herramientas** y las **medidas** de la UE que promueven la calidad, transparencia y reconocimiento de competencias, capacidades y cualificaciones.
    - El **diálogo político y la cooperación** entre las partes interesadas, incluidas las redes de la UE y las organizaciones europeas e internacionales en este ámbito.
    - Las **medidas** que ayudan a conseguir una calidad elevada e inclusiva del Programa Erasmus+.

- La **cooperación con otros instrumentos** y el **apoyo a otras políticas** de la UE, incluyendo actividades que fomenten sinergias con otros instrumentos nacionales y de la Unión.
- Las **actividades de difusión y concienciación** a los ciudadanos sobre los resultados y prioridades de las políticas europeas en el ámbito de la formación y la educación, así como del Programa Erasmus+.

¿Te interesa algún programa? Para una mayor información sobre los programas europeos, se recomienda visitar los siguientes portales:

- www.sepe.es
- https://erasmus-plus.ec.europa.eu/eswww.educacionyfp.gob.es
- https://www.educacionyfp.gob.es/mc/redie-eurydice/inicio.html
- https://commission.europa.eu/education/study-or-teach-abroad_es
- www.erasmusplus.gob.es

APLICACIÓN PRÁCTICA

Imagina que eres docente y un alumno interesado en el programa Erasmus+ te pregunta sobre sus líneas de actuación. ¿Qué le responderías?

Solución

Sus líneas de actuación van dirigidas a la educación y formación, a la juventud y al deporte.

En concreto las acciones claves relacionadas con la educación y el deporte son la movilidad para el aprendizaje, la cooperación entre organizaciones e instituciones y el apoyo al desarrollo de políticas y a la cooperación.

TAREA 11

Realiza una búsqueda de información en internet e identifica los programas europeos e iniciativas comunitarias que pueden ayudar a la actualización y el reciclaje de los docentes. ¿Cuáles de estos programas e iniciativas van dirigidos al fomento de la innovación en el aula?

8. Resumen

Entre otros propósitos, la **Formación Profesional busca la calidad** y los docentes de dicho subsistema de formación deben comprometerse a que se consiga. Para ello, existe una amplia gama de opciones que pueden aportar calidad a las acciones formativas que se impartan:

- En primer lugar, debe conocerse qué se debe mejorar; es imprescindible basarse en los **Planes Anuales de Evaluación de calidad,** donde se recogen los resultados del año anterior y servirán como referente en la formación permanente y la actualización de los docentes.
- Asimismo, hay que conocer los **Centros de Referencia Nacional,** ya que se dedican a la innovación y actualización de la formación profesional, adaptándola a las demandas del mercado.
- Se ofrece también la opción de un aprendizaje permanente para la mejora, a través de las acciones formativas propuestas por el **Plan de Perfeccionamiento Técnico** para docentes de la Formación Profesional.
- Igualmente, los **Centros Integrados de Formación Profesional** proporcionan una amplia gama formativa para adquirir certificados profesionales o títulos de formación profesional, que pueden ayudar a ampliar y completar la formación de los docentes.
- Por último, es interesante hacer uso de **los programas europeos,** los cuales permiten conocer la docencia desde los diferentes países de la Unión Europea, proporcionando mejora, calidad e innovación en la nuestra propia.

Ejercicios de autoevaluación Unidad de Aprendizaje 3

1. **Los Centros de Referencia Nacional son:**

   a. De carácter público y autonómico.
   b. De carácter privado y estatal.
   c. De carácter público y estatal.

2. **Completa las familias profesionales por las que se agrupan los Centros de Referencia Nacional:**

   GESTIÓN - ARTESANÍAS - MANTENIMIENTO - VEHÍCULOS - OBRA - MECÁNICA -

   ELECTRICIDAD - SOCIOCULTURALES - INDUSTRIAS - ARTES - AGUA - TURISMO -

   ALIMENTARIAS - VIDRIO - INFORMÁTICA - MUEBLE - PESQUERA

Administración y ______	______ y electrónica	______ extractivas	Química
Agraria	Energía y ______	______ y comunicaciones	Sanidad
______ gráficas	Fabricación ______	Instalación y ______	Servicios ______ y a la comunidad
Artes y ______	Hostelería y ______	Madera, ______ y corcho	Transporte y mantenimiento de ______
Edificación y ______ civil	Industrias ______	Marítimo- ______	______ y cerámica

3. Indica si son verdaderas o falsas las siguientes afirmaciones referentes al Plan Anual de Evaluación de la Calidad:

a. Proporciona una visión global de la formación profesional.

- Verdadero
- Falso

b. Rinde cuentas a la Administración Pública.

- Verdadero
- Falso

c. No analiza los factores que influyen en las acciones formativas.

- Verdadero
- Falso

4. Define qué es un indicador.

____

____

5. ¿A través de qué instrumento se mide la calidad de la formación en la Formación Profesional?

____

____

6. Relaciona cada acción clave del programa Erasmus+ con su actuación correspondiente.

a. Acción clave 1
b. Acción clave 2
c. Acción clave 3

__ Cooperación entre organizaciones e instituciones.
__ Movilidad para el aprendizaje.
__ Apoyo al desarrollo de políticas y a la cooperación.

7. En relación a los Centros Integrados de Formación Profesional, señala las respuestas correctas:

a. Facilitan ofertas formativas.
b. No se encargan de la orientación para la inserción laboral.
c. Pueden ser públicos y privados.

8. El Plan de Perfeccionamiento Técnico va destinado a...

a. ... docentes de primaria.
b. ... docentes de secundaria.
c. ... docentes de formación profesional.

9. ¿En qué se centra el Plan de Perfeccionamiento Técnico para mejorar las habilidades didácticas de los docentes de formación profesional e incrementar su profesionalidad?

____
____
____
____
____
____
____

10. Responde Sí o No a las siguientes preguntas sobre el programa Erasmus+:

a. ¿Son de aplicación a este programa las acciones Jean Monnet del Reglamento (UE) 2021/817?
b. Las asociaciones de excelencia entre universidades europeas, ¿son una de las actuaciones de la acción clave para el apoyo a la cooperación?
c. Las actuaciones de movilidad para el aprendizaje, ¿van dirigidas también al personal de educación de personas adultas?

11. ¿Dónde pueden consultarse los Centros Integrados de Formación Profesional que existen en cada comunidad autónoma?

____

____

12. ¿Qué normativa recoge el modelo oficial del cuestionario de calidad de la formación?

____

____

Glosario

Ansiedad
Estado de tensión valorado por la persona como amenazante.

Autoestima
Sentimiento de aceptación y aprecio a sí mismo, creando la propia autovaloración. Se origina en la imagen que se tiene de sí mismo y puede coincidir o no con la apreciación que hacen los demás.

Autoempleo
El empleo por cuenta propia o autoempleo. Consiste en la idea de crear el propio puesto de trabajo.

Actitud
Es la forma de actuar de una persona, el comportamiento que emplea un individuo para hacer las cosas.

Aptitud
Es cualquier característica psicológica que permite pronosticar diferencias interindividuales en situaciones futuras de aprendizaje. Carácter o conjunto de condiciones que hacen a una persona especialmente idónea para una función determinada.

Carta de presentación
Documento que acompaña al currículum vítae con el objetivo de presentarlo y de identificar el empleo que se solicita.

Certificado Profesional
Instrumento de acreditación, en el ámbito de la Administración laboral, de las cualificaciones profesionales del Catálogo Nacional de Estándares de Competencias Profesionales.

Competencia clave
Aquellas competencias que toda persona precisa para su realización y desarrollo personales, así como la ciudadanía activa, la inclusión social y el empleo.

Competencias profesionales
Conjunto de conocimientos y capacidades que permiten el ejercicio de la actividad profesional, conforme a las exigencias de la producción y el empleo.

Contrato de trabajo
Acuerdo que existe entre empresario y trabajador, donde el trabajador presta determinados servicios al empresario, sometiéndose a su dirección a cambio de una retribución salarial.

Cualificación profesional
Conjunto de competencias profesionales con significación para el empleo, que pueden ser adquiridas mediante formación modular y otros tipos de formación y a través de la experiencia laboral.

Currículum vítae
Resumen, tanto de la formación como de la experiencia laboral, que realiza la persona para acceder a un puesto de trabajo.

Dinámicas de grupo
Análisis de casos cuyo objetivo es evaluar las competencias que se ponen de manifiesto cuando los candidatos interactúan.

Experiencia profesional
Experiencia previa adquirida a través del desempeño de una profesión.

Freelance
El trabajador ofrece sus servicios desde casa para tareas determinadas.

INE
Siglas del Instituto Nacional de Estadística, organismo que coordina los servicios estadísticos de la Administración General del Estado.

Itinerario
Dirección y descripción de un camino con expresión de los lugares, accidentes, paradas, etc., que existen a lo largo de él.

Mercado laboral o de trabajo

Relación entre empresarios, trabajadores e intermediarios en un contexto sociolaboral determinado.

Módulo formativo

Bloque coherente de formación asociado a cada una de las unidades de competencia que configuran la cualificación acreditada mediante el certificado de profesionalidad.

OPEA

Siglas de Orientación Profesional para el Empleo y asistencia para el Autoempleo.

Perfil profesional

Conjunto de competencias que aporta una persona a un puesto de trabajo.

Plan Anual de Evaluación de la Calidad

Recoge información que permite tanto orientar las acciones formativas y la toma de decisiones.

Portal de empleo

Sitio web que funciona como intermediario laboral entre las personas que buscan empleo y las que lo ofrecen.

Pruebas psicotécnicas

Test que pretende medir el nivel de inteligencia, aptitudes específicas y capacidades como la personalidad, intereses y valores.

SEPE

Siglas de Servicio Público de Empleo Estatal. Organismo autónomo de la Administración General del Estado al que se encomienda la ordenación, desarrollo y seguimiento de los programas y medidas de la política de empleo, en el marco de lo establecido en la misma ley.

Telecentros

Centros que se crean para que los empleados no tengan que realizar un largo viaje para ir a trabajar. Pueden ser compartidos por más de una empresa. Los recursos informáticos y servicios de los que se disponen son similares a los de la empresa. Las empresas teleoperadoras, habitualmente, suelen disponer de estos tipos de centros.

Trabajo a distancia o teletrabajo

El trabajo a distancia o teletrabajo es una nueva modalidad de empleo que surge como consecuencia del desarrollo tecnológico.

Bibliografía

Monografías

→ COLL, C.: *Las competencias en la educación escolar: algo más que una moda y mucho menos que un remedio.* Universidad de Barcelona: Aula de Innovación Educativa, 2007.

Aborda la competencia como un concepto complejo, con matices, engloba todo lo que se espera que los alumnos aprendan y los docentes enseñen. Pretende impulsar un aprendizaje significativo, tomando en cuenta la importancia del contexto.

→ OLLEROS, M.: *El proceso de captación y selección de personal.* Barcelona: Gestión, 2007.

En este manual se exponen métodos que ponen su énfasis en las actitudes que deben adoptar quienes intervienen en procesos de selección de personal.

→ PÉREZ, M. y TORRES, C.: *Dinámicas de grupos en formación de formadores: Casos Prácticos.* Barcelona: Herder, 2018.

Ofrece a los formadores técnicas y herramientas para desempeñar su labor docente y garantizar una preparación de calidad, dando una gran importancia a la programación y realización de planes de Formación.

→ SANJUAN, S.: *Guía para el autoconocimiento, empleo y emprendimiento.* Valencia: Npq Editores, 2023.

Es un título que ofrece una serie de conceptos e ideas claves en la orientación académico-profesional a día de hoy.

→ VV. AA.: *Guía sobre aspectos generales para el desarrollo de las acciones de orientación Laboral.* Castilla y León: Junta de Castilla y León: 2003.

Guía cuyo objetivo fundamental es mejorar los instrumentos del Instituto Nacional de Empleo en la tarea diaria que los orientadores laborales deben realizar con los demandantes de empleo, con el fin de ayudarles en la elaboración de sus estrategias en la búsqueda de empleo.

→ VV. AA.: *Formación y orientación laboral. Avanzado.* [s.l]: *S.A.* MCGRAW-HILL, 2021.

Este manual es la herramienta que ayudará a descubrir las nuevas competencias personales y profesionales necesarias para un nuevo escenario profesional.

→ VV. AA.: *Inteligencia emocional.* Barcelona: Reverte, 2024.

Este libro desarrolla los principios transformadores de la inteligencia emocional en la vida.

Legislación

→ Ley 3/2023, de 28 de febrero, de Empleo.

Su objetivo es regularizar, aclarar y armonizar la normativa relativa al empleo, a las medidas para la reforma del mercado de trabajo, las medidas para mejorar la empleabilidad y la reforma de las políticas activas de empleo.

→ Ley Orgánica 3/2022, de 31 de marzo, de ordenación e integración de la Formación Profesional.

Normativa cuyo fin es regular un sistema de formación y apoyo profesional al servicio del fortalecimiento, la competitividad y la sostenibilidad de la economía española, capaz de responder con flexibilidad a los intereses, expectativas y aspiraciones de cualificación profesional de las personas a lo largo de su vida.

→ Ley 10/2021, de 9 de julio, de trabajo a distancia.

Normativa que regula el trabajo a distancia de los empleados, es decir, aquellos que de forma voluntaria y con una retribución, bajo la dependencia de un empleador, desarrollan su trabajo a distancia con carácter regular.

→ Ley 30/2015, de 9 de septiembre, por la que se regula el Sistema de Formación Profesional para el empleo en el ámbito laboral.

Su objetivo es regular, en el marco general del Sistema Nacional de las Cualificaciones y Formación Profesional, la planificación y financiación del sistema de formación profesional para el empleo en el ámbito laboral, la programación y ejecución de las acciones formativas, el control, el seguimiento y el régimen sancionador, así como el sistema de información, la evaluación, la calidad y la gobernanza del sistema.

→ Real Decreto-ley 32/2021, de 28 de diciembre, de medidas urgentes para la reforma laboral.

Normativa laboral cuyo objetivo es reducir la temporalidad, la inestabilidad y el desempleo de las personas a través de una actualización de los tipos de contrato.

→ Real Decreto-ley 3/2012, de 10 de febrero, de medidas urgentes para la reforma del mercado laboral.

En esta se introducen importantes modificaciones en el mercado laboral y cambios sustanciales en las condiciones de trabajo de los trabajadores, justificadas con la pretensión de crear las condiciones necesarias para que la economía española pueda volver a generar empleo y la seguridad necesaria para trabajadores, empresarios, mercados e inversores.

→ Real Decreto 417/2015, de 29 de mayo, por el que se aprueba el Reglamento de las empresas de trabajo temporal.

Normativa que actualiza y adapta la actuación de las empresas de trabajo temporal con el objetivo de adoptar medidas para favorecer el crecimiento, la competitividad y la eficacia empresarial.

→ Real Decreto 229/2008, de 15 de febrero, por el que se regulan los Centros de Referencia Nacional en el ámbito de la Formación Profesional.

Deben facilitar una formación profesional más competitiva y responder a los cambios en la demanda de cualificación de los sectores productivos. Su trabajo debe ser, por lo tanto, un referente orientador para el sector productivo y formativo.

→ Real Decreto 1558/2005, de 23 de diciembre, por el que se regulan los requisitos básicos de los Centros integrados de formación profesional.

Para ello, se presenta un detallado análisis sobre la definición, tipología, creación, fines, funciones y todos los aspectos que afectan o están relacionados con los Centros integrados de formación profesional.

→ Reglamento (UE) 2021/817 del Parlamento Europeo y del Consejo, de 20 de mayo, por el que se establece Erasmus+, el Programa de la Unión para la educación y la formación, la juventud y el deporte, y se deroga el Reglamento (UE) n.º 1288/2013.

Normativa que establece el derecho de todas las personas a recibir una educación, formación y aprendizaje permanente inclusivos y de calidad con el objetivo de adquirir capacidades que les permitan participar plenamente en la sociedad y gestionar con éxito las transiciones en el mercado laboral.

→ Orden PCI/18/2020, de 10 de enero, por la que se establece el Reglamento del Observatorio Profesional del Instituto Nacional de las Cualificaciones y se determinan las condiciones para el registro y reconocimiento de las entidades colaboradoras del Instituto Nacional de las Cualificaciones.

Normativa cuyo objetivo es actualizar y establecer el funcionamiento del Observatorio Profesional del Instituto Nacional de las Cualificaciones, así como la creación del Registro y las condiciones registrales de las Entidades Colaboradoras del Instituto Nacional de las Cualificaciones.

→ Resolución de 27 de abril de 2009, del Servicio Público de Empleo Estatal, por la que se publican los cuestionarios de evaluación de calidad de las acciones formativas para el empleo.

El contenido de los cuestionarios es de carácter mínimo e invariable y su cumplimentación corresponde al alumnado.

Textos electrónicos, bases de datos y programas informáticos

→ EURES, movilidad profesional, de: <https://eures.europa.eu/index_es>.

Es un portal europeo para la movilidad profesional de ciudadanos de la Unión Europea que en España depende directamente del SEPE ya que está gestionado por ellos.

→ Formación Profesional, de: <www.todofp.es>.

Es un portal dedicado exclusivamente a la Formación Profesional, donde se puede encontrar toda la información relacionada con el sistema educativo y la formación profesional, así como con la orientación profesional y la búsqueda de empleo.

→ Instituto de las mujeres, de: <https://www.inmujeres.gob.es/>.

Es un organismo autónomo adscrito al Ministerio de Igualdad, cuya función principal es la promoción y el fomento de las condiciones de igualdad social de ambos sexos y la participación de las mujeres en la vida política, cultural, económica y social.

→ Instituto Nacional de Estadística, de: <www.ine.es>.

Es un organismo encargado de la coordinación general de los servicios estadísticos de España y de la vigilancia de los correctos procedimientos técnicos de los mismos.

→ Portal de empleo Infojobs, de: <www.infojobs.net>.

Se trata de un portal gratuito de empleo cuyo objetivo principal es optimizar los procesos de selección de las empresas y la búsqueda de empleo.

→ Servicio Andaluz de Empleo, de: <https://www.juntadeandalucia.es/organismos/sae.html>.

Se trata de una oficina virtual de empleo a través de la cual se puede realizar cualquier trámite relacionado con formación, búsqueda de empleo, contratación laboral, etc.

→ Servicio Público de Empleo Estatal, de: <www.sepe.es>.

Es un organismo autónomo de la Administración General del Estado, adscrito al Ministerio de Trabajo y Economía Social cuyo objetivo es contribuir al desarrollo de la política de empleo, gestionar el sistema de protección por desempleo y garantizar la información sobre el mercado de trabajo para conseguir la inserción y permanencia en el mercado laboral de los ciudadanos, además de la mejora del capital humano de las empresas.